hänssler

Hans-Joachim Eckstein

Zur Wiederentdeckung der Hoffnung

Grundlagen des Glaubens

Dr. Hans-Joachim Eckstein ist Professor für Neues Testament
an der Evangelisch-theologischen Fakultät
der Universität Tübingen.
www.uni-tuebingen.de/ev-theologie

hänssler
Bestell-Nr. 393.898
ISBN 3-7751-3898-6

D-71087 Holzgerlingen
Internet: www.haenssler.de
E-Mail: info@haenssler.de
Umschlaggestaltung: Ingo C. Riecker
Titelbild: Annemarie Vögele-Schrader
Satz: AbSatz, Klein Nordende
Druck und Bindung: Ebner & Spiegel, Ulm
Printed in Germany

VORWORT

Wie oft suchen Interessierte nach Grundlegungen des Glaubens, bei denen sowohl ihr persönliches Reflexions- und Bildungsniveau als auch ihr eigenes Bedürfnis nach wesentlichem und erfüllendem Leben zur Geltung kommen. Sie wünschen sich elementare Zugänge zu zentralen theologischen Fragen, die den Brückenschlag zwischen Wissenschaft und Glauben, zwischen Theorie und Praxis, zwischen gedanklichem Tiefgang und leichter Verständlichkeit wagen. Sie ahnen, dass theologisches Denken den Glauben eigentlich fördern und das Verständnis des Evangeliums von Jesus Christus vertiefen sollte, aber sie finden bei ihrer alltäglichen Belastung kaum die Gelegenheit, diesen Weg zu einem bewussten Glauben und zu einem theologisch engagierten Denken allein und ohne Gesprächspartner anzutreten.

Vor allem ihnen sind die folgenden Einführungen in die »Grundlagen des Glaubens« gewidmet. Ob es um die Gottesvorstellung geht oder um das vertiefte Verständnis des Evangeliums, der Rechtfertigung und des Glaubens, »auf der Suche nach der Wahrheit« sind bereits die ersten Schritte lohnend und der Mühe wert! Ob die Wirklichkeit der Auferstehung Jesu in den Blick kommt oder die

Hoffnung auf ein Leben nach dem Sterben, bei der »Wiederentdeckung der Hoffnung« sind es gerade die Fragen nach dem Zukünftigen und Jenseitigen, die uns in unserer Gegenwart und Wirklichkeit ganz unmittelbar berühren und verwandeln können.

Wer weitere Vertiefungen in vergleichbarer Form sucht, der wird in »Glaube, der erwachsen wird« fündig werden – speziell zu der Frage der Wirklichkeit und der Bedeutung des Kreuzes Jesu. Wer das Bedürfnis nach mehr Veranschaulichung, Alltagsbezug und sprachlicher Leichtigkeit verspürt, der wird in der kleinen »Trilogie« zu den drei Wesensmerkmalen der christlichen Existenz eine sinnvolle Ergänzung sehen. Sie alle – die lyrisch-meditativen wie die sachlich-theologischen Bücher – laden auf je eigene Weise zur Entdeckung der vielfältigen Auswirkungen des Evangeliums ein: zu Glaube und Alltagsbewältigung, zu Liebe und Persönlichkeitsentfaltung und zu Hoffnung und gelingender Lebensgestaltung.

Hans-Joachim Eckstein

»IHR WERDET DEN HIMMEL OFFEN SEHEN«

ZUR WIEDERENTDECKUNG DER HOFFNUNG[1]

»Ihr werdet den Himmel offen sehen« ist eine Formulierung, die dem Johannesevangelium entliehen ist. Es spricht an verschiedenen Stellen von einem hoffnungsstiftenden Sehen:

»Und das Wort wurde Fleisch und wohnte unter uns, und *wir sahen seine Herrlichkeit*« (Joh 1,14).

»Ihr werdet *den Himmel offen sehen* und die Engel Gottes hinauf- und herabsteigen über dem Menschensohn« (Joh 1,51).

»Noch eine kurze Zeit, dann wird die Welt mich nicht mehr sehen. *Ihr aber werdet mich sehen*, denn ich lebe, und ihr werdet auch leben« (Joh 14,19).

»Und auch ihr habt nun Traurigkeit, aber *ich will euch wiedersehen.* Dann wird sich euer Herz freuen, und eure Freude wird euch niemand nehmen« (Joh 16,22).

Die Hoffnung gehört zu den Wesensmerkmalen christlicher Existenz. »Glaube, Liebe und Hoffnung« bilden die Trias – die »Dreiheit« – unserer Existenz als Christen. Freilich müssen wir sagen, dass die Hoffnung in den letzten Jahrzehnten von uns weitgehend vernachlässigt oder doch verkannt wurde. Dies mag vorrangig am »Zeitgeist der Moderne« liegen. Der »aufgeklärte Mensch« versteht sich von sich selbst her und bestimmt sich im Horizont des von ihm selbst Machbaren. Ich will als denkendes, wollendes und handelndes »Ich« Mittelpunkt der Welt und der Geschichte sein. Damit ist meine Zeit die entscheidende Zeit, und meine Gegenwart wird als der Höhepunkt der Geschichte verstanden. Ich definiere meine Identität grundsätzlich von *meinen* Möglichkeiten und meiner *eigenen* Wirklichkeit her: »Ich denke – also bin ich!« – »Ich handle – also bin ich!« – »Ich arbeite, ich fühle, ich will – also bin ich!« Der Mensch konstituiert sich selbst und macht sich nicht von Instanzen, Traditionen und Realitäten außerhalb seiner selbst abhängig![2]

Als junger Mensch, der sein ganzes Leben noch vor sich hat und noch voller Illusionen über das Realisierbare ist, betrachte ich mein Leben in der Tat als »hoffnungsvoll«. Mein noch nicht gelebtes Leben liegt vor mir wie ein unbegrenzter Schatz an Möglichkeiten, die es nur zu ergreifen und zu verwirklichen gilt. Solange die Zukunft offen ist, sind auch die Hoffnungen und Träume meiner Gegenwart noch nicht von der Vergangenheit widerlegt. Wenn ich aber an der Wirklichkeit der Welt zu leiden beginne und hinsichtlich meiner eigenen Möglichkeiten zunehmend ernüchtert werde, ja wenn ich gar an meine grundsätzlichen Grenzen stoße und mich mit Versagen, Verlust und Vergänglichkeit auseinander setzen muss, dann wird mir meine Existenz – und damit auch die Welt und die Geschichte insgesamt! – immer »hoffnungsloser« erscheinen.

Nun könnte man meinen, dass den engagierten Christen diese fundamentale Krise der Ernüchterung eigentlich erspart bleiben müsste, da sie sich doch von Gott und nicht nur von sich selbst her verstehen und da sie ihre Wirklichkeit im Glauben bewusst nicht auf die eigenen Möglichkeiten beschränken wollen. Bekennen und verkündigen sie doch *Gottes* Handeln in der Geschichte und in der noch ausstehenden Zukunft, und glauben sie doch an die Verwirklichung der göttlichen Verheißungen in *Jesus Christus* – in seinem Kommen in die Welt, in seinem Kreuz und seiner Auferstehung zum ewigen Leben und in seinem noch ausstehenden Erscheinen zur Vollendung der Geschichte und der Schöpfung Gottes. All diese Bezugspunkte reduzieren die Realität des Menschen gerade nicht auf seine eigene Wirklichkeit und subjektive Erfahrung; sie begrenzen den Horizont menschlicher Orientierung gerade nicht auf das handelnde menschliche Subjekt und seine eigenen Möglichkeiten.

Das Bild, das die Gläubigen in den verschiedenen Kirchen und Gemeinschaften, in den unterschiedlichsten Prägungen und konfessionellen Akzentuierungen abgeben, deutet allerdings auf das Gegenteil. Längst hat der übersteigerte Individualismus mit seiner hoffnungslosen Selbstüberschätzung und seiner desillusionierenden Selbstüberforderung auch den christlichen Glauben überfremdet – und dies gilt unabhängig davon, ob sich die Glaubenden eher am rechten oder am linken Rand der Kirche sehen, ob sie sich als konservativ oder progressiv oder liberal verstehen. Die einen reden davon, dass es an uns sei, das Reich Gottes zu bauen und die Kirche zu retten; die anderen sprechen davon, dass Christus keine Hände habe außer den unseren … So motivierend und aufrüttelnd diese Appelle auch gemeint sein mögen, so sehr spiegeln sie doch in beiden Varianten die völlig illusorische Überschätzung menschlicher Möglichkeiten und die gnadenlose Überforderung des Einzelnen wider. Wenn es denn wirklich so wäre, dass Christus keine Lippen hätte außer unseren Lippen, keine Füße außer den unseren und keine Hände außer unseren Händen, dann hätte er freilich allen Grund, auch noch »kopflos« zu werden.

Dieser Verengung des christlichen Bekenntnisses auf die Aspekte des nur *menschlichen* Denkens, Wollens und Tuns, auf Ethik und Moral entspricht die Verlegenheit, die sich beim Sprechen der Schlusssätze des zweiten und dritten Artikels des Glaubensbekenntnisses für viele Glaubende einstellt: »... er [Christus] sitzt zur Rechten Gottes, des allmächtigen Vaters; von dort wird er kommen, zu richten die Lebenden und die Toten.« – »Ich glaube an den Heiligen Geist, die ... Auferstehung von den Toten und das ewige Leben.« Die christliche Hoffnung ist in vielfacher und mehrdeutiger Hinsicht zur »Eschatologie« – zur »Lehre von den *letzten* Dingen« – geworden: sie spricht von dem, was wir »hintanstellen«, was uns in unserem gelebten Leben nur noch sehr mittelbar oder sogar »zuletzt« bestimmt. Sie handelt von zukünftigen Dingen, die mit unserer Gegenwart so wenig vermittelt erscheinen, dass sie uns eher als längst vergangene Hoffnung und überholte Tradition anmutet.

HOFFNUNG ODER PESSIMISMUS?

Jetzt mögen die »Konservativen« unter uns sich von solcher kritischen Einschätzung zunächst nicht berührt fühlen. Gehören sie doch zu denen, die das apostolische Glaubensbekenntnis noch nach all seinen Aussagen von Herzen und aus Überzeugung mitsprechen wollen. Wird nicht gerade in konservativen Kreisen die Rede von der Wiederkunft Christi, vom endgültigen Gericht und dem ewigen

Leben hochgehalten? Und dennoch stellt sich gerade auch in diesem Kontext die Frage, ob wir wirklich noch von der Hoffnung der ersten Christen bestimmt sind oder ob unsere Vorfreude auf Gottes Kommen und seine neue Welt nicht vielmehr in die düstere Sicht dieser Weltzeit abgerutscht ist.

Wurde aus inspirierender Hoffnung nicht längst lähmende Zukunftsangst und aus einer in Gottes Zusage gegründeten Zuversicht eine auf die Missstände dieser Welt fixierte Verbitterung? Bestimmt uns wirklich noch eine an Christus als dem Herrn der Welt ausgerichtete *Eschatologie* oder nicht eher eine auf den »Fürsten dieser Welt« und seine Wirkungen fokussierte *Apokalyptik*? Wir preisen weniger die Möglichkeiten Gottes, als dass wir die Zustände der Welt beklagen. Wir rühmen uns weniger des »Schon-Jetzt« der Gegenwart und Zukunft Christi, als dass wir das »Noch-Nicht« unserer Erlösung und Erfahrung bejammern. Anders als den Seher der Offenbarung (Offb 19,6f) bestimmt uns kaum noch die motivierende Vorfreude auf die »Hochzeit« des Christus mit »seiner Braut«, der Gemeinde, als vielmehr der lähmende Pessimismus einer verloren scheinenden und verkümmernden Kirche.

Psychologen und Seelsorger sprechen bei typischen unguten Handlungs- und Gesprächsabläufen, die aus einer ständig gleichen Abfolge verdeckter Transaktionen bestehen, gerne von »Psychospielen«. Wie ein Theaterstück immer wieder nach der gleichen Vorlage – dem gleichen »Drehbuch« – gespielt wird und ein Gesellschaftsspiel regelmäßig nach denselben Regeln abläuft, so verfallen wir in unserem Verhalten und in unseren Gesprächen – ohne es uns einzugestehen – immer wieder in unglückliche Kommunikationsabläufe, die uns als einzigen »Nutzeffekt« ungute Gefühle und die vertraute Erfahrung der Abwertung, Minderwertigkeit und Missachtung bieten können.

Eines dieser seltsamen Verhaltensmuster, mit denen wir zugleich unserer eigentlichen Verantwortung entfliehen wie auch Aufmerksamkeit und – negative! – »Bestätigung« gewinnen, wird von Psychologen nach dem typischen Satz benannt: »Ist es nicht schrecklich?« Ich muss gestehen, dass ich bei der ersten Lektüre über die »Spiele der Erwachsenen«[3] an dieser Stelle laut loslachen musste, weil mir unzählige Gesprächsgänge mit anderen Theologinnen und Theologen, mit treuen Gemeindegliedern und ernsthaften kirchlichen Mitarbeitern einfielen. Egal, wo unsere Unterhaltungen beginnen, und unabhängig davon, welche Themen angesprochen werden – es ist nur eine Frage der Zeit, bis im Hinblick auf die Kirche und die Gemeinde und auf das Weltgeschehen und auf die Welt überhaupt und insgesamt wieder einer der entscheidenden Sätze fällt: »Es ist alles ganz schlimm!« – »Ist es nicht schrecklich?« – »Es ist einfach furchtbar!« Gerade lernte ich als Schlusssatz eines Gespräches mit einem ernsten Christenmenschen eine mir neue Variante kennen, mit der sogar noch der absehbare Pessimismus unverhofft gesteigert werden kann: »Es ist ja alles noch viel schlimmer, als ich dachte!« – Das will etwas heißen!

Dabei hätten wir eine lebendige Hoffnung gerade in dieser Zeit und in unserer Situation so nötig! Nicht nur um der Zukunft willen, sondern gerade für unsere Gegenwart; nicht nur, weil es dogmatisch korrekt ist, auch die Eschatologie in den Glauben einzubeziehen, sondern weil wir als Menschen ohne die Perspektive der Hoffnung nicht erfüllt, konstruktiv und zuversichtlich leben können. Die Notwendigkeit der Hoffnungsperspektive lässt sich nicht nur theologisch gut begründen, sondern auch ganz unabhängig vom Glauben nach psychologischen und pädagogischen Gesichtspunkten nachvollziehen. Ohne Hoffnung hat der Mensch keine Kraft für das Notwendige und keine Perspektive für das unmittelbar Bevorstehende. Ohne Zuversicht und freudige Erwartung werden wir in letzter Konsequenz verängstigt und schwermütig, einsam und krank. Wir verlieren uns an Vorläufiges und lassen uns von Unwesentlichem bestimmen.

Im Gegensatz zu manchem Vorurteil macht eine echte und lebendige Hoffnung nämlich weder diesseitsflüchtig noch todessüchtig, sondern gerade lebenstüchtig! *Hoffnungsvoll leben* heißt, sich lieber von der Freude überraschen und vom Gelingen widerlegen zu lassen, als vom Missgeschick bestätigt zu werden; … die Schlechtigkeit der Welt nicht täglich neu entdecken und beklagen zu müssen, sondern sie als Tatsache vorauszusetzen, um ihr das Bestmögliche entgegenzusetzen; … eigene Enttäuschungen ehrlich einzugestehen, ohne ihnen zu unterstehen; … aus schlechten Erfahrungen zu lernen, ohne sich von ihrer besserwisserischen Art bevormunden zu lassen; … das Leben nicht als das schlimmste Problem, sondern als Teil der besten Lösung erleben zu können.

DIE HOFFNUNG DER ERSTEN CHRISTEN

Wie verhielt es sich denn, soweit wir es den neutestamentlichen Schriften entnehmen können, bei den ersten Christen, bei denen der Dreiklang von Glaube, Liebe und Hoffnung programmatisch verkündet wurde? Es ist keine Frage, dass der christliche Glaube von seinem Ursprung her sehr stark von der Hoffnung, der Erwartung von Zukünftigem und der Zuversicht für die Gegenwart bestimmt ist. Wir bezeichnen das Christentum von seinen Anfängen her geradezu als eine *Hoffnungsreligion*. Die ersten Christen waren bestimmt von der Erwartung, dass ihr gekreuzigter und auferstandener Herr noch einmal erscheinen werde, um seine begonnene Herrschaft des Friedens und der Gottesgemeinschaft für alle sichtbar durchzusetzen und im Namen seines Vaters in vollkommener Liebe und Gerechtigkeit zu regieren. Sie vertrauten darauf, dass Gott selbst die bereits verstorbenen Gläubigen nicht preisgeben, sondern sie aus den Gräbern heraus in sein ewiges Leben hinein auferwecken werde. Und sie lebten auf diesen Punkt hin und waren von dieser Perspektive auch in ihrem alltäglichen Leben inspiriert.

Wenn im Gottesdienst der Urgemeinde der Ruf: »Maranatha« – »Unser Herr, komm!« erscholl, dann wurde allen wieder neu bewusst, worauf sie zulebten und woher sie ihre Kraft und ihren Mut bezogen: die Ankunft ihres auferstandenen Herrn, der sie so geliebt hatte, dass er sogar bis in seinen Tod hinein an ihnen festhielt und sich für sie hingab. Sie freuten sich auf die Erlösung von all dem, was ihre gegenwärtige Gottesgemeinschaft noch einschränkte und anfocht: Schwachheit und Vergänglichkeit, Krankheit und Tod, Verfolgung und Sünde. Und sie erwarteten dieses ewige Leben vor Gott als Gemeinschaft mit all denen, die Jesus

Christus wie sie selbst liebten und sich auf ihn freuten.

Was die ersten Christen als Zeugen des Evangeliums offensichtlich auszeichnete, war ihre *Parrhesie* – ihre *Zuversicht* und *Freimütigkeit*, ihre *Unerschrockenheit* und *Offenheit*, ihre *Freudigkeit* und ihr *Zutrauen* (Apg 4,13.29; 2. Kor 3,12; Eph 3,12; 6,19; Hebr 4,16; 10,19). Das griechische Wort »Parrhesie« – »Freimut« – trifft es deshalb so gut, weil es die existenzbestimmende Wirkung einer lebendigen Hoffnung in den Blick bringt – im Verhältnis zu anderen Menschen wie im Verhältnis zu Gott: »Weil wir nun solche Hoffnung haben, sind wir voll großer Zuversicht/Parrhesie« (2. Kor 3,12). Hoffnung lässt unerschrocken und mutig sein – gegen alle mögliche Angst und Bedrängnis; sie macht offen und freimütig – trotz aller eigenen Grenzen und Unzulänglichkeiten; sie schenkt Zuversicht und Freudigkeit – selbst angesichts von Anfechtung und Gefahr.

Freilich mag man bei so vielen positiven Aussagen über die Hoffnung und ihre lebensprägende Wirkung sogleich einwenden, dass die ersten Christen auch in einer unmittelbaren *Naherwartung* lebten, die wir nach 2000 Jahren Kirchengeschichte nicht in gleicher Weise nachvollziehen können. Schließlich setzte auch Paulus in seinen frühen Briefen noch voraus, dass er selbst wohl zu denjenigen gehören würde, die die Erscheinung des wiederkommenden Christus noch zu Lebzeiten – d.h. in ihrer leiblichen, irdischen Existenz und ohne zu sterben – erleben werden (1. Thess 4,17; 1. Kor 15,51).

Aber gerade am Apostel lässt sich verdeutlichen, dass lebendige Hoffnung und Leben in Vorfreude nicht unbedingt von der unmittelbaren und ungehinderten Nähe der Erfüllung abhängig sind. Als Paulus während der Gefangenschaft in Ephesus das erste Mal am Leben verzagte und es für beschlossen hielt, dass er als Zeuge des Evangeliums sterben müsse (2. Kor 1,8 ff), verlor er durch diese Krise nicht etwa seine Hoffnung, sondern rechnete fortan damit, dass er die Vollendung der Christusgemeinschaft persönlich wohl eher durch sein Sterben erreichen würde: »Denn Christus ist mein Leben, und Sterben ist mein Gewinn … Ich habe Lust, aus der Welt zu scheiden und bei Christus zu sein, was auch viel besser wäre« (Phil 1,21.23). Seine Hoffnung war also nicht von der *zeitlichen* Nähe und der *unmittelbaren* Verwirklichung des Erhofften abhängig, sondern durch die Beziehung zum Erwarteten bestimmt. Jesus Christus war für ihn Inhalt und Grundlage seines Lebens – deshalb lebte er der Begegnung mit ihm entgegen. In keinem seiner Briefe hat Paulus so eindringlich von der Freude geschrieben wie ausgerechnet im Philipperbrief, den er doch mitten in Gefangenschaft und Ungewissheit über den Ausgang seines Prozesses verfasste: »Freuet euch in dem Herrn allewege, und abermals sage ich: Freuet euch! … Der Herr ist nahe!« (Phil 4,4f).

Aber ist uns dieser Zusammenhang nicht auch im ganz alltäglichen Leben geläufig? Ob wir uns auf die Begegnung mit einer Person freuen oder nicht, hängt doch jeweils mehr von der Beziehung ab, die wir zu ihr haben, als von der Nähe des Termins. Kündigt sich jemand zum Besuch an, für den wir nicht so große Zuneigung empfinden – oder gegen den wir sogar Abgrenzungsgefühle hegen –, dann mag der Termin seiner Ankunft so nahe kommen, wie nur möglich, es will sich bei uns keine rechte Vorfreude einstellen, obwohl wir doch in »Naherwartung« leben! Wenn wir aber den Besuch einer Person erwarten, die wir von Herzen gern haben, dann können wir uns riesig darauf freuen, auch wenn der Termin noch eine ganze Weile aussteht. Der freudige Termin kann uns für eine lange Strecke des Alltags Motivation und Perspektive geben, denn wenn uns etwas alles bedeutet, beglückt uns nicht erst die *Erfüllung* des Erwarteten, sondern bereits die *Vorfreude.*

Wenn es aber so ist, dass die Hoffnung viel mehr vom Inhalt des Erhofften und von der Einstellung zum Erwarteten abhängt als vom Zeitpunkt der

Erfüllung, wenn also nicht die *zeitliche*, sondern die *persönliche* Nähe für die Vorfreude bestimmend ist, dann drängt sich uns unausweichlich die Frage auf, ob wir noch dieselbe Einstellung zu Christus haben wie die ersten Christen, die bereit waren, für diese Hoffnung sogar die Gefährdung ihres leiblichen Wohls in Kauf zu nehmen. Erwarten wir noch *denselben* – nämlich Christus –, und erwarten wir ihn noch *als* denselben, den die ersten Christen vom Himmel her herbeisehnten – oder auch jenseits ihres Sterbens als ihrem Herrn begegnen wollten?

ENTHUSIASTISCH UND WELTVERGESSEN?

Wir mögen nun einwenden, dass die frühen Christen uns mit ihrer Begeisterung bei allem doch etwas naiv erscheinen; würden wir eine ähnlich lebende Gruppierung in unserer heutigen kirchlichen Landschaft nicht mit den Etiketten »enthusiastisch« und »schwärmerisch« versehen? Verkündigt doch das Johannesevangelium, wie wir zu Beginn gelesen haben: Als Glaubende können wir *Jesus sehen*! Uns wird von Gott *der Himmel geöffnet*. Die Jünger Jesu können Gottes Engel über ihm hinauf- und herabsteigen *sehen*. Sie können von sich sagen: »Wir *sahen* seine Herrlichkeit!« – Zeugt das nicht alles von einer anderen Welt und Wirklichkeit, als wir sie erleben? Lebten die frühen Christen nicht doch – tatsächlich oder auch nur nach ihrer eigenen Einschätzung – in einer »heilen Welt«, die die unsere durchaus nicht ist und sein kann? – Weit gefehlt!

Nicht zufällig haben wir als Einleitung gerade Worte aus dem Johannesevangelium gewählt. Denn bei kaum einer anderen neutestamentlichen Schrift liegen die realen historischen Verhältnisse der angesprochenen Gemeinde und unser heutiges Bild von ihrer Situation so weit auseinander wie gerade beim vierten Evangelium. Manchmal könnte einem sogar der Verdacht kommen, dass wir unsere Vorstellung von den frühen Gemeinden – wohl unbewusst – gerade deshalb *idealisieren*, damit wir das in ihr liegende Kritikpotenzial in Hinsicht auf unsere eigenen Verhältnisse leichter *relativieren* können. Nach dem Motto: Damals war eben alles noch ganz anders! Das kann man nicht so einfach mit der heutigen Situation vergleichen! Ob wir nun die frühen Christen mit ihrer Hoffnung zu *idealisieren* versuchen oder sie als weltfremde Randgruppe *bagatellisieren* wollen, wir verfehlen in jedem Fall die wirklichen Verhältnisse der ersten Gemeinden und zugleich die enormen Impulse, die wir auch heute noch aus dem Zeugnis der Evangelisten und Apostel gewinnen können.

Die Gemeinde, die das Johannesevangelium im Blick hat, ist in Wahrheit alles andere als enthusiastisch und weltvergessen. Im Gegenteil leidet sie gerade an dem trostlosen Ausgeliefertsein an die Welt, an dem Ausbleiben der überschwänglichen Verheißungen. Statt Bestätigung und Triumph erfährt sie Abwertung und Verfolgung; statt einer baldigen Wiederkehr ihres Herrn erlebt sie Hass und Feindschaft ihrer Umwelt. Während sie sich auf eine kurze Zeit – nur »ein bisschen«, »ein Kleines« (*mikron*, Joh 16,16ff) – des Abwartens eingestellt hatte, leidet sie nun an einer endlos erscheinenden Phase der Anfechtung, des Verlassenseins und der Unsicherheit.

Mit Bedacht überliefert der Evangelist seiner Gemeinde gerade diejenigen Worte und Reden Jesu in aller Ausführlichkeit über fünf Kapitel (Joh 13–17), die mit der Abschiedssituation Jesu von seinen Jüngern unmittelbar vor seiner Kreuzigung verbunden werden. In der Situation der offensichtlich – oder doch nur scheinbar? – verlassenen Jünger erkennt sich die Gemeinde wieder. In dem Trost des scheidenden Jesus fühlt sie sich verstanden und angesprochen: »In der Welt habt ihr Angst, d.h. Bedrückung und Bedrängnis, Betrübnis und Einengung …« (Joh 16,33) – »Ihr werdet weinen und klagen, aber die Welt wird sich freuen; ihr werdet traurig sein …« (Joh 16,20) – »Und auch ihr habt nun Traurigkeit ...« (Joh 16, 22). Und wenn der Evangelist davon berichtet, dass in Anbetracht des hohen und exklusiven Anspruchs Jesu in seiner Rede vom »Brot des Lebens« die meisten seiner Jünger sich von ihm abwandten und ihn verließen (Joh 6, 60 ff), dann erkannte die wegen ihres Christusbekenntnisses angefeindete johanneische Gemeinde ihre eigene Versuchung wieder. Wie einst die Zwölf musste sie die direkte Frage ihres Herrn erschrecken und zutiefst aufrütteln: »Wollt *ihr* etwa auch weggehen?« (Joh 6, 67). Würden auch *sie* in ihrer Anfechtung und Irritation zu der Antwort des Petrus finden: »Herr, wohin sollen wir gehen? Du hast Worte des ewigen Lebens ...« (Joh 6, 69)?

Das Geheimnis der vom Evangelium bezeugten Hoffnung besteht darin, dass sie die Wirklichkeit der Welt nicht leugnet und ausschließt, dass sie Anfechtung und Enttäuschung nicht bestreitet, sondern ihren Trost mitten hinein in die Traurigkeit und Schwachheit spricht.

Hier und jetzt wird den von Sterben und Tod Bedrohten zugleich das ewige und erfüllende Leben zugesprochen; da, wo sie an Dunkelheit, Drangsal und Angst leiden, wird ihnen zugesagt, dass sie das Licht sehen sollen und an Christi Auferstehungsleben und Sieg teilhaben werden: »Das habe ich mit euch geredet, damit ihr in mir Frieden habt. In der Welt habt ihr Angst; aber seid getrost, ich habe die Welt überwunden« (Joh 16,33). Und unter der Zusage des Evangeliums öffnet sich den Hörern der verhangene Himmel, und die unter der Abwesenheit ihres Herrn leiden, können ihn durch sein Wort und seinen Zuspruch als unter ihnen gegenwärtig und lebendig erkennen.

Haben sie eben noch darunter gelitten, dass die erhoffte Zeit der Erfüllung und der unmittelbaren Erfahrung sich so lange zu verzögern scheint, so können sie nun in Christus ihr Leben und ihre Auferstehung in Person sehen (Joh 5,24; 11,25). In ihm und in seiner Gemeinschaft haben sie schon hier und jetzt das erfüllende und hoffnungsvolle Leben; durch ihn und in seiner Anwesenheit relativiert sich sogar die Bedrohung durch Vergänglichkeit, Einsamkeit und Sterben. Spricht er ihnen doch schon gegenwärtig zu: »Ich bin die Auferstehung und das Leben. Wer an mich glaubt, der wird leben, auch wenn er stirbt; und wer da lebt und glaubt an mich, der wird nimmermehr sterben!« (Joh 11,25). Wer das wie Lazarus und seine Schwestern selbst erfährt, dem wird auch deutlich, dass selbst die Traurigkeit und lange Wartezeit zu einem – im Verhältnis dazu – »Kleinen«, »Geringfügigen« (*mikron*) wird. Denn auf eine Weise hat sich die Verheißung der Wiederkehr Christi »über ein Kleines« längst erfüllt (Joh 16,16–33): Sie können ihren Herrn nämlich inmitten dieser Wirklichkeit als real erkennen und trotz aller Verborgenheit und Anfechtung bereits als den Gegenwärtigen »sehen«. Und »sehen« bedeutet: wirklich wahrnehmen und lebensbestimmend erfahren, nicht nur vage ahnen oder theoretisch denken. Die Stunde der Hoffnung und des Heils, der Gottesbegegnung und des ewigen Lebens, sie wird nicht erst kommen, sie ist in Christus bereits gegenwärtig (»es kommt die Stunde und ist *schon jetzt*«, Joh 4,23; 5,25).

ZWEI WESENSMERKMALE DER HOFFNUNG

Mit dieser Skizze der biblischen Hoffnung am Beispiel des Johannesevangeliums kommen zwei Wesensmerkmale der christlichen Hoffnung anschaulich in den Blick: 1. die Unterscheidung der Hoffnung von dem, was wir *Illusion* nennen; und 2. das Verhältnis der biblischen Hoffnung zur *Erfahrung*.

Wenn wir unter unseren menschlichen Voraussetzungen von »Hoffnung« reden, dann ist die Grenze zur Illusion nicht immer deutlich zu erkennen. Wenn junge Menschen auf ihr zukünftiges Leben schauen und sich all ihre Möglichkeiten ausmalen, wenn sie von ihrem zukünftigen Erfolg und ihrem kommenden Glück träumen, dann spielen dabei auch viele Illusionen mit. Alles scheint noch möglich. Grenzen, Unwahrscheinlichkeiten und Schwierigkeiten werden nur unwillig berücksichtigt. Es ist ein Privileg der Jugend, den Himmel offen zu sehen. Was wird bei Abschlussfeiern von Schule und Ausbildung nicht alles wortreich als realisierbare Zukunft und als erreichbares Ziel ausgemalt! Zwei, drei Jahrgangstreffen später sieht dann alles schon eine Nummer kleiner aus. Ob durch Missgeschick oder durch mangelnde Entschiedenheit, ob durch Krankheit oder durch menschliche Enttäuschung, ob durch gewachsene geistige Wahrhaftigkeit oder durch leidvoll gewonnene Lebensweisheit: Wir erkennen hinsichtlich unserer Träume vom unbegrenzten Glück und Erfolg, dass nicht alles, was rein theoretisch möglich wäre, in unserem Leben praktisch auch wirklich wird. Und vielleicht hat diese Illusion vom grenzenlosen Glück und der ungehinderten Zukunft auch ihr bestimmtes Recht: Wer würde den langen Weg durch Kindheit, Schule, Ausbildung und Beruf denn antreten wollen, wenn er gleich zu Beginn schon allen Ärger seines Lebens ahnen könnte? Würden wir uns dann nicht alle schon bei der Geburt »quer legen« und den Mut verlieren?

Das Geheimnis der christlichen Hoffnung freilich darf mit diesem natürlichen menschlichen Wunschdenken nicht verwechselt werden, sonst schwindet mit den jugendlichen Träumen und Illusionen zugleich auch die Zuversicht des Glaubens. Die Illusion ist nämlich nicht eine Vorstufe der Hoffnung, sondern ihr Gegenteil. Denn die Illusion führt keineswegs zur *Hoffnung*, sondern zur *Ent-Täuschung*, weil sie auf einer *Täuschung* basiert. Sie verzeichnet die Wirklichkeit, indem sie sie nur einseitig wahrnimmt und eingesteht. Die durch das Evangelium geweckte *Hoffnung* hingegen nimmt die erfahrene Wirklichkeit und die Zustände der Welt gerade ernst; sie setzt die Wahrnehmung auch des Leides und des Misslingens, des Verlustes und der Vergänglichkeit sogar voraus.

Sie spricht von dem, was angesichts der Hoffnungslosigkeit von Gott her für den Menschen gilt; und sie sagt zu, was der Mensch aus seinen eigenen Möglichkeiten heraus auf keine Weise verwirklichen könnte. Freilich gilt es einzugestehen, dass sich die christliche Hoffnung erst vom Ende ihrer eschatologischen Erfüllung her *eindeutig* und *unzweifelhaft* als begründet und realistisch bewiesen haben wird. Gäbe es keine endgültige Erfüllung der göttlichen Verheißungen, dann ließe sich die Unterscheidung zwischen der biblischen *Hoffnung* und den natürlichen menschlichen *Wunschträumen* und unrealistischen *Illusionen* nicht in dieser Eindeutigkeit durchführen.

Damit kommen wir auch schon zum zweiten Punkt unserer Bestimmung: Das Verhältnis der biblischen Hoffnung zur *Erfahrung*. Die menschliche Fähigkeit zu hoffen ist stark von der bisherigen Erfahrung abhängig. Wer in seinem bisherigen Leben viel Zuwendung, Bestätigung und Erfolg erfahren durfte, dem fällt es ungleich leichter zu hoffen und zuversichtlich in die Zukunft zu sehen als jemandem, der bisher überwiegend Leid, Abwertung und Misserfolg erleben musste. Unsere Haltung gegenüber der Zukunft ist geprägt durch unsere Erfahrung der Vergangenheit; und unsere Gegenwart ist so zuversichtlich, wie unsere Vergangenheit Zukunft ermöglichte.

Nun läge die Versuchung nahe, die christliche Hoffnung mit der positiven Erfahrung des Glaubens und der veränderten Wirklichkeit des christlichen Lebens begründen zu wollen. Aber was wäre dann mit den Aposteln und Propheten, die gerade aufgrund ihres Glaubens Widerspruch und Verfolgung erfahren haben – und nicht Bestätigung und menschlichen Erfolg? Was wäre mit all den Frauen und Männern der Bibel, die an Gott festhielten, obwohl sie ihn weder greifen noch sehen konnten, die sich gerade in Angst, Krankheit und Leid an den Gott ihrer Erlösung klammerten, den sie in ihrer Anfechtung weder fühlen noch erfahren konnten?

Nein, die biblische Hoffnung gründet sich nicht auf die subjektive Erfahrung des Menschen, sondern auf Gottes Verheißung – oft gegen alle Erfahrung! Die Zuversicht des Glaubens erklärt sich nicht aus der Geborgenheit und Schönheit der Vergangenheit, sondern aus Gottes Zuspruch und Zuwendung – oft auch angesichts einer unerlösten und verzweifelten Vergangenheit. Gewiss hat Gott in der Geschichte schon gehandelt, aber dieses Handeln ist für den Angefochtenen nur im Wort verfügbar und im Zuspruch des Evangeliums wirklich greifbar. Selbstverständlich soll der Glaube auch Erfahrungen im Hier und Jetzt machen, aber er gründet nicht auf seiner eigenen Erfahrung, sondern auf der Geschichte Jesu Christi. Der Glaube macht nicht nur Erfahrungen, er ist selbst die entscheidende Erfahrung, dass wir Gottes Zuwendung in Jesus Christus glauben können.[4]

Gewiss will Gott seine Realität bereits in unserer Gegenwart erweisen; aber Hoffnung bedeutet, auch gegen alle Gefühle, Wahrscheinlichkeiten und Erfahrungen der Vergangenheit an Gottes Zukunft mit uns festhalten zu können und die Gegenwart auch wider allen Augenschein in Zuversicht vor Gott zu gestalten. Der hoffende Glaube hat nicht, was er sieht, im Blick! Wie von Mose gesagt wird: »Er hielt sich an den, den er nicht sah, als sähe er ihn« (Hebr 11,27). Oder wie es von Abraham heißt: »Er hat geglaubt auf Hoffnung, wo nichts zu hoffen war«, wörtlich: »Er hat geglaubt *auf* Hoffnung *wider* (alle) Hoffnung« (Röm 4,18). »Denn er zweifelte nicht an der Verheißung Gottes durch Unglauben, sondern wurde stark im Glauben und verherrlichte Gott und wusste aufs Allergewisseste: was Gott verheißt, das kann er auch tun« (Röm 4,20f).

Wenn es nun wirklich so ist, dass die Hoffnung wesentlich zum christlichen Glauben gehört, dass die Hoffnung im Zeugnis der Apostel und Evangelisten eine ungleich entscheidendere Rolle spielt als in unserem Leben, und wenn es zutrifft, dass Hoffnung und Zuversicht für unser menschliches Leben unabdingbar sind, stellt sich uns unweigerlich erneut die Frage: *Warum hoffen wir dann nicht?* Warum sind wir trotz unseres Glaubens pessimistisch statt zuversichtlich, enttäuscht statt wahrhaftig, ängstlich statt mutig und verbittert statt versöhnt? Warum konzentrieren wir uns ständig auf die Unannehmlichkeiten der Welt, anstatt uns von der Liebe, dem Frieden und der Gerechtigkeit des Himmels faszinieren und inspirieren zu lassen? Liegt es vielleicht auch daran, dass wir es bisher nicht gelernt haben, den Himmel und die endgültige Vollendung der Verheißung Gottes überhaupt zu denken und als wirklich vorzustellen?

Wir gehen davon aus: Es wird im Himmel einmal unvorstellbar schön sein! Das Einzige, was daran nicht so schön sein mag, ist, dass man sich den Himmel deshalb nur so schwer vorstellen kann. Wie sollen wir uns auf etwas freuen, was unsere Vorstellungskraft übersteigt? Und womit sollen wir etwas Unvergleichliches vergleichen? Die zutreffendste Beschreibung des Himmels, den wir in unserem Glauben an Christus erwarten, ist ohne Zweifel, dass wir dann in uneingeschränkter und unangefochtener Gottesgemeinschaft leben werden. Wir werden allezeit mit unserem Herrn, Jesus Christus, zusammen sein (1. Thess 4,17; Phil 1, 23), mit ihm leben (1. Thess 5,10) und bei ihm wohnen (2. Kor 5,8); wir werden ihn endlich von Angesicht zu Angesicht sehen und ihn so erkennen, wie wir von ihm schon jetzt erkannt sind (1. Kor 13,12). Dann gilt, um es mit den Worten der Offenbarung zu sagen: »Siehe da, die Hütte Gottes bei den Menschen! Und er wird bei ihnen wohnen, und sie werden sein Volk sein, und er selbst, Gott mit ihnen, wird ihr Gott sein« (Offb 21,3).

Wenn wir herzliche Zuwendung und tiefe persönliche Zuneigung in unserem eigenen Leben schon erfahren haben, dann wird uns die Verheißung der ungestörten Gottesbeziehung schon Grund genug zur Vorfreude sein. Und falls wir Zeiten, vielleicht nur Augenblicke des Einklangs und des gegenseitigen Einvernehmens in einer Gemeinschaft selbst erleben konnten, dann beginnen wir zu ahnen, welches Glück uns beim Zusammensein mit Gott und seinen Menschen erwartet. Aber was ist, wenn wir diese Vorahnung von vollkommener Liebe nicht durch eigenes Erleben vermittelt bekommen oder wenn wir in Enttäuschung durch Menschen und Erfahrung von Leid an die Möglichkeit von voraussetzungsloser Zuneigung und bedingungsloser Zuwendung gar nicht mehr glauben können? Entschwindet uns dann nicht die Hoffnung auf Gottes Erlösung und Vollendung unseres Lebens ausgerechnet in dem Moment, in dem wir sie am nötigsten brauchten?

Es mag erstaunen, mit welch einfühlsamen Bildern und anschaulichen Beschreibungen die Offenbarung gerade die tröstet, die in der Erfahrung von Unrecht, Abwertung und Leiden die Hoffnung auf Gottes ganz andere Welt zu verlieren drohen. Wo die Anknüpfung an positive und lebensfördernde Erlebnisse schwierig wird, spricht der Trost die Punkte an, die den Verzagenden verzweifeln lassen: all den Schmerz, die Angst und den Verlust. Gottes neue Welt kommt für die Weinenden so in den Blick, dass sie als der Bereich und die Zeit erkannt wird, in der es all dies Leidvolle nicht mehr geben wird. Für die, denen die Vorstellung von *Positivem* in ihrer jetzigen Situation überhaupt unmöglich erscheint, wird durch die Verheißung des Beendens und Aufhebens all des *Negativen* der Horizont der Hoffnung neu eröffnet: »Und er wird alle Tränen abwischen von ihren Augen, und der Tod wird nicht mehr sein, und kein Leid noch Geschrei noch Schmerz wird mehr sein; denn das Erste ist vergangen. Und der auf dem Thron saß, sprach: ›Siehe, ich mache alles neu!‹« (Offb 21,4f).

Während hier auf dem »Wege der Verneinung des Negativen« (*via negationis*) das scheinbar Unvorstellbare vor Augen gestellt wird, gibt es in derselben Beschreibung zugleich auch die entgegengesetzte Sichtweise auf die bisher noch nicht gekannte und ganz neue himmlische Stadt. Die herrlich schöne Wohnung Gottes bei den Menschen wird in Aufnahme und Überbietung dessen beschrieben, was wir in dieser Welt als wertvoll und begehrenswert schätzen mögen – also auf dem »Weg der Erhöhung und Steigerung« des uns Bekannten (*via eminentiae*). Dabei schreckt die Darstellung auch nicht vor der Anknüpfung an materielle Träume und Werte zurück, wenn sie das himmlische Jerusalem als Stadt aus reinem Gold beschreibt, mit Mauern aus Edelsteinen und mit zwölf Stadttoren, die jeweils aus einer einzigen

Perle bestehen (Offb 21,9–22,5). Wie über die Maßen groß und überwältigend muss der Ort sein, der alles das, was uns in dieser Welt als kostbar gilt, in solcher Weise überbietet?

Gewiss ist Gott bei seiner neuen Welt auf Raum und Zeit und auf die Schätze dieser Welt nicht angewiesen, und sicherlich wird jeder von uns andere irdische und menschliche Werte für sein Leben am meisten begehren – ob materiell oder ideell, ob persönlich oder gemeinschaftsbezogen. Jedoch lernen wir auf diese liebevolle und anschauliche Art der Darstellung, *den Himmel zu denken.* Sei es nun auf die Weise der »Verneinung des Negativen« (*via negationis*) oder auf dem Weg der »Überbietung des Positiven« (*via eminentiae*), sei es aus der Situation der Verzweiflung oder im Erleben des Glücks – wir beginnen jeweils zu ahnen, wie unvergleichlich wertvoll und wie unvorstellbar herrlich und strahlend dieses Leben mit Gott sein wird.

WAS KOMMT NACH DEM STERBEN?

Aber auch wenn wir die »unvorstellbare« Schönheit der himmlischen Gemeinschaft mit Gott zu ahnen beginnen, mögen wir hinsichtlich unserer eigenen Zukunft dennoch weiterhin durch Ungewissheit und Angst beunruhigt sein. Ein bestimmendes Moment des Vorbehalts ist bei sehr vielen Christen ihre *Furcht vor dem Tod* und ihre Unsicherheit darüber, was sie nach dem Sterben erwartet. Selbst wenn sie an eine Auferstehung der Toten am »jüngsten Tag« – dem Tag des Erscheinens Christi – durchaus glauben wollen, ist ihnen unklar, wie sie sich den Zustand zwischen ihrem Sterben und jenem fernen Tag der Auferstehung vorstellen sollen. Schließlich sind seit dem Ableben der ersten christlichen Zeugen bis zu unseren Tagen bereits 2000 Jahre verstrichen. Sind die in Christus Entschlafenen in einem »Schattenreich« des Halbbewussten, sind sie gar in einem Bereich der Läuterung ihrer unvollkommenen irdischen Existenz, den der Volksglaube oft »Fegefeuer« nennt, oder sind sie den »Schlafenden« gleich in einem unbewussten, aber geborgenen »Zwischenzustand«, der ihnen die Zeit nicht so lange erscheinen lässt?

In der Tat erinnere ich mich daran, dass ich persönlich als kleiner Junge einmal im Jahr freiwillig und gerne früh zu Bett gegangen bin – nämlich am Vorabend meines Geburtstags. Denn ich hatte beobachtet, dass der Geburtstag für meine eigene Wahrnehmung in dem Augenblick beginnen würde, in dem ich abends einschlafe. Das Nächste, was dem Einschlafen – unter der Voraussetzung eines kindlichen Tiefschlafs – folgt, ist der Augenblick des Erwachens. So mag man auch in der Vorstellung des »Schlafens« bis zum Tag der Auferstehung eine beruhigende Hilfskonstruktion sehen. Freilich muss man dazusagen, dass die neutestamentliche Hoffnung damit durchaus unterbestimmt bleibt.

Ob wir uns an die bereits zitierten Aussagen des Paulus in Philipper 1,21 ff erinnern, dass Christus sein Leben und deshalb Sterben sein Gewinn sei, oder ob wir an die Zusage des Johannesevangeliums denken, dass die an Christus Glaubenden bereits vom Tode zum ewigen Leben gelangt sind (Joh 5,24 ff) und deshalb in der Christusgemeinschaft, selbst wenn sie sterben, leben werden (Joh 11,25 f) – jeweils wird hier vorausgesetzt, dass die von Christus als dem Auferstandenen eröffnete Gemeinschaft selbst durch das Sterben keinesfalls zerstört, unterbrochen oder auch nur eingeschränkt werden könnte. Die Gewissheit des Apostels und des Evangelisten könnte nicht eindeutiger formuliert sein: Diejenigen, die in Christus ihr Leben gefunden haben, mögen wohl *sterben*, sie werden aber *nicht tot sein!*[5]

Die Angst vor dem *Sterben* – vor dem Leid, der Krankheit und der Ungewissheit des Sterbevorgangs – ist sehr berechtigt und völlig verständlich; wenn uns als Christen aber die Angst vor dem *Tode* bestimmt – vor dem also, was dem Sterben folgt –, dann haben wir einen entscheidenden Aspekt der christlichen Hoffnung noch nicht gesehen. Wie sollte der für uns Gestorbene und Auferstandene, den wir in unserem irdischen Leben als unseren Herrn erkannt und anerkannt haben, seinen Anspruch auf uns im Augenblick unseres Sterbens aufgeben? Wie könnte die Herrschaft Christi, der in Kreuz und Auferstehung sogar den Tod bezwungen hat, im Augenblick unseres persönlichen Ablebens an ihr Ende kommen? Es gilt vielmehr, dass wir Christus als unserem Herrn, dem wir uns anvertraut haben, für immer und ewig zugehören. Oder um es wieder mit den Worten des Paulus zu formulieren: »Keiner von uns lebt sich selber, und keiner stirbt sich selber. Leben wir, so leben wir dem Herrn; sterben wir, so sterben wir dem Herrn. Darum: wir leben oder sterben, so sind wir des Herrn. Denn dazu ist Christus gestorben und wieder lebendig geworden, dass er über Tote und Lebende Herr sei« (Röm 14, 7–9).

Nun mag es wundern, dass die Verfasser der neutestamentlichen Schriften es offensichtlich nirgends als notwendig empfanden, den so genannten »Zwischenzustand« zwischen dem persönlichen Ableben der Einzelnen und dem Tag der allgemeinen leiblichen Auferstehung bei der Erscheinung Christi näher zu beschreiben. Wieso haben sie das Problem des Zeitabstands zwischen der Christusgemeinschaft jenseits des Sterbens und der endgültigen Gottesgemeinschaft jenseits des Jüngsten Gerichtes anscheinend nicht einmal empfunden? Die naturwissenschaftlich Interessierten unter uns könnten uns neuzeitlichen Christen sicherlich erklären, dass es sich bei der Frage der »Zwischenzeit« lediglich um ein menschliches Scheinproblem handelt. Ohne Materie und jenseits von Zeit und Raum laufen Uhr und Kalender ja gar nicht in unserem irdischen Zeitmaß weiter. Das, was wir unter Zeit verstehen, ist ja an die Materie gebunden, die uns nach dem Sterben nicht mehr bestimmt.

Wir könnten uns auch theologisch vergegenwärtigen, dass die Ewigkeit Gottes ja nicht nur der »zeitliche« Bereich vor und nach der Schöpfung und der menschlichen Geschichte ist, sondern dass Gottes Ewigkeit gegenüber jedem Punkt unserer Geschichte und Zeit gleich unmittelbar und gleich nah ist. Der ewige Gott ist von Abraham nicht weiter entfernt als von den neutestamentlichen Christen – oder von uns heute. Im Augenblick unseres Sterbens treten wir in die Ewigkeit Gottes ein, und mit dem Ableben unserer irdischen Existenz endet auch unsere Zugehörigkeit zu Zeit und Raum.

Die Zuversicht der ersten Christen aber war auf diese wissenschaftlichen Gedanken noch gar nicht angewiesen. Dabei hätten sie von ihrem alttestamentlich-jüdischen Erbe her durchaus Vorstellungen noch vertiefen können, nach denen die verstorbenen Christen zunächst im »Paradies« der zukünftigen Welt gelassen harren dürfen. Bei einer geläufigen Unterscheidung von sieben Himmeln konnten sie die verstorbenen Gerechten auch im »dritten Himmel« denken oder in »Abrahams Schoß« – d.h. in der Tischgemeinschaft mit den Vätern der Verheißung Gottes an sein Volk. Mit all diesen Beschreibungen wird die Unterscheidung zwischen der Glückseligkeit der verstorbenen Gläubigen einerseits und der endgültigen universalen Gottesgemeinschaft und der Erscheinung Christi vor der ganzen Welt und Geschichte andererseits durchaus gewahrt.

Für Paulus und Johannes war es aber augenscheinlich völlig ausreichend festzuhalten, dass wir im Augenblick unseres Sterbens – wie schon zuvor im Leben – untrennbar mit unserem Herrn verbunden bleiben, von dessen Liebe uns niemand und nichts trennen kann, nicht einmal der Tod (Röm 8,28–39). Und was kann für die, denen Christus ihr Leben bedeutet und die sich nach ihm mehr als nach allem anderen sehnen, erstrebenswerter sein, als mit ihm in ungehinderter Gemeinschaft zusammenzuleben – ob zunächst im »dritten« Himmel oder wie jedenfalls später im »siebten« und allerhöchsten, ist dann ganz offensichtlich nur von untergeordneter Bedeutung. Denen, die Christus über alles lieben, kann das ungehinderte Zusammensein mit ihm kaum als ein Provisorium erscheinen.

DIE ANGST VOR DEM LOSLASSEN

Aber bleibt nicht auch nach Beseitigung aller Missverständnisse und Klärung aller offenen theologischen Fragen ein letzter, nicht wegzuerklärender Vorbehalt und eine Scheu vor dem, was nach dem Sterben kommt? Das mag wohl so sein und wird damit zusammenhängen, dass wir als erwachsene und lebenserfahrene Menschen immer Angst vor dem haben, was sich unserer Kontrolle entzieht und was uns ein völliges Loslassen und Vertrauen abverlangt.

Ich erinnere mich an die Einladung zum Abendessen bei einer Familie, das mit der üblichen Wohnungsführung begann und auf Drängen der Kinder zunächst einmal ins Kinderzimmer führte. Während wir Erwachsenen uns anerkennend und bewundernd den Spielsachen und Zeichnungen der kleinen Tochter zuwandten, kletterte der dreijährige Sohn ganz stolz auf die oberste Etage des Stockbetts. Als von ganz oben laut der Ruf »Papi!« erschallte, drehte sich der Vater blitzschnell um – und hatte allen Grund dazu, denn der Kleine hatte seine Augen geschlossen, die Arme ausgebreitet und sich fallen lassen. Er hat im kindlichen Vertrauen losgelassen und nur nach seinem Vater gerufen – in dem Wissen, dass er ihn halten würde! Ich war tief bewegt – und entlarvt!

Wir nennen Gott unseren Vater und dürfen ihn – wie Jesus selbst – vertrauensvoll und persönlich »Abba« rufen (Röm 8,15; Gal 4,6; vgl. Mk 14, 36), was nach unserer heutigen Sprachgewohnheit nicht nur »lieber Vater«, sondern eher »Papa«, »Papi«, »Vati« bedeutet. Wir haben das Evangelium von Jesus Christus, der nicht nur von der voraussetzungslosen und grenzenlosen Liebe seines Vaters zu uns Menschen sprach, sondern sie auch bis zur Preisgabe seines Lebens lebte und uns zu seinen Geschwistern machte. Wir haben die Zusage des Vaters und des Sohnes, dass sie uns in der Stunde der Wahrheit freisprechen und aus Gnade annehmen und für uns einstehen werden, so dass wir ihnen wahrhaft aufs Wort glauben dürfen. Doch können wir noch – oder wieder oder erstmals – diesem Gott auch so tief vertrauen, dass wir es wagen, hinsichtlich der letzten Dimensionen unseres Lebens die Augen zu schließen, die Arme angstfrei auszubreiten und uns mit unserem ganzen Leben in seine Arme fallen zu lassen?

Bei alledem geht es uns nicht nur um die »letzten Dinge«, und wie wir sahen, hat die Hoffnung in Gestalt des Vertrauens, der Zuversicht und Vorfreude zunächst einmal vielmehr mit unserer

Gegenwart zu tun und mit dem vor uns liegenden irdischen Leben. Denn wer im Hinblick auf die letzten, kritischsten und persönlichsten Bereiche seines Lebens loslassen und vertrauen kann, dem fällt es ungleich leichter, auch im Vorläufigen und Momentanen offen und zugewandt zu leben. So bewirkt eine lebendige und vertrauensvolle Hoffnung hinsichtlich der Gegenwart beides, sie motiviert und sie relativiert in einem; sie befähigt zu dem, was gegenwärtig notwendig ist, und sie lässt das, was unabwendbar erscheint, leichter ertragen.

Die Hoffnung lebt selbst in einer hoffnungslos erscheinenden Situation bereits in Vorfreude und Zuversicht aus einer zukünftigen positiven Realität, die der Wahrnehmung des Pessimismus noch völlig verborgen ist. Denn eine lebendige Vorfreude ist die Fähigkeit, die angenehmen Folgen der Erfüllung schon real zu erleben, bevor die Voraussetzungen des Glücks sich überhaupt verwirklicht haben; Vorfreude und Zuversicht sind die bewegende Erfahrung, bei der die Wirkung der Ursache zuvorkommt! Wer in seiner Gegenwart diese Zukunftsperspektive neu entdeckt, die uns das Evangelium Jesu Christi bereits in der Vergangenheit eröffnet hat, der wird auch angesichts der Unzulänglichkeit und Hoffnungslosigkeit unseres Lebens im Hinblick auf den für uns Auferstandenen bereits den Himmel offen sehen und dementsprechend leben.

DAS EVANGELIUM – EINE KRAFT GOTTES

HÖREN – REDEN – TUN IM LICHT VON RÖMER 1,16 f[6]

Die Frage, was Hören, Reden und Tun im Zeichen des Evangeliums heute bedeuten, interessiert uns persönlich oder auch »von Berufs wegen« ganz unmittelbar. Ob im innergemeindlichen oder im interkonfessionellen Dialog, wir ringen immer noch – oder glücklicherweise: wieder – um das richtige Verständnis des Evangeliums von Jesus Christus als einer Kraft Gottes. Wie ist die reformatorische Erkenntnis der Rechtfertigung vor Gott »allein aus Gnade« – *sola gratia* – genau zu entfalten? Was bedeutet die »evangelische« Einsicht, dass das Leben aus Gott »allein im Glauben« – *sola fide* – empfangen wird? Und nicht zuletzt (auch wenn es heute zuweilen so erscheint), sondern vor allem: Wie ist darüber hinaus das *solus Christus*, das Bekenntnis zu »Christus allein«, in unserer Theologie und Verkündigung angemessen zur Geltung zu bringen, ohne es in den anderen Bestimmungen einfach aufgehen zu lassen?

So aktuell die angesprochenen Fragen von vielen auch empfunden werden mögen, so steil und theoretisch mag einigen dann doch die Formulierung des Gesamtthemas vorkommen: »Das Evangelium – eine Kraft Gottes!« Steht dieser mutige Titel nicht in auffallendem Widerspruch zu der Wirkungslosigkeit und Ohnmacht, die unser eigenes Reden in Lehre und Verkündigung oft zu haben scheint? Soll hier trotzig und gegen alle eigene Erfahrung an einem unrealistischen Ideal festgehalten werden? Nicht wenige werden sich an eine »Hermeneutik des Wortes« erinnert fühlen, in der – bei aller Offenheit des Gottesbegriffs und des Offenbarungsverständnisses – zumindest noch dem *Wort* die Wirklichkeit und Wirksamkeit des Göttlichen zugeschrieben werden können, die sich der theologischen Reflexion ansonsten immer mehr entziehen. Aber auch ganz unabhängig von einer bestimmten theologischen Debatte ergibt sich hinsichtlich einer solchen Hochschätzung des Evangeliums als der Kraft Gottes die Frage nach dem Wirkzusammenhang. Handelt es sich dabei um ein quasi »magisches« Wortverständnis? Woher eignet dem Evangelium als dem Wort Gottes die Kraft? Worin besteht diese, und was und wie wirkt sie?

Manche werden zudem gegen den theologischen Kontext des – in Aufnahme von Römer 1, 16 f formulierten – Themas Vorbehalte empfinden, nämlich die paulinische Darstellung des Heils- und Glaubensverständnisses in Gestalt der »Rechtfertigungslehre«. Ist die Beschreibung des Christusgeschehens als eines göttlichen Rechtfertigungshandelns am Menschen heute noch verständlich und vermittelbar? Liegt das Unzeitgemäße nicht bereits in den negativen Vorstellungen, die die Rede von der Rechtfertigung des Sünders bei vielen auslöst? Als schwierig erscheint auch der Einstieg in die Darstellung des Glaubens mithilfe von »moralischen« Begriffen wie »gut und böse«, »gerecht und sündig«, »unschuldig und schuldig«. Zudem ist die Entfaltung der Heilsaussagen mit juristischen Begriffen und forensischen Vorstellungen für viele eher irritierend. Wer denkt schon gerne an eine Gerichtsverhandlung mit Anklage, Verteidigung, Zeugenaussagen, Plädoyers und dem abschließenden Urteil – von einer möglichen Strafe bei Verurteilung ganz zu schweigen?

Darüber hinaus gilt es inzwischen weithin zumindest als »unangemessen« und »ungeschickt«, wenn nicht sogar als pädagogisch und theologisch »schädlich« und »politisch inkorrekt«, den Menschen überhaupt auf seine *Unzulänglichkeit* und *Bedürftigkeit* anzusprechen. Haben wir nach dem vorherrschenden Menschenbild nicht vielmehr davon auszugehen, dass der Mensch an sich prinzipiell gut ist und nur durch negative soziale und politische Einflüsse und Umstände an seiner natürlichen Selbstentfaltung gehindert wird? Wie lässt sich die paulinische Rede von dem Menschen als Sünder von Geburt, ja vom Anfang der Geschichte an (Röm 3,9.20.23; 5,12ff) mit einer »gesellschaftsfähigen« Vorstellung vom grundsätzlich lebensorientierten und liebesfähigen Menschen vermitteln?

Aber auch für diejenigen unter uns, die von solchen fundamentalen Anfragen an das neutestamentliche Verständnis des Christusgeschehens und des Menschenbildes weniger bestimmt sind, werfen die programmatischen Formulierungen des Apostels in seinem theologisch grundlegendsten Schreiben, dem Römerbrief, hinreichend Fragen auf: Wie sind »Hören, Reden und Tun« so zu bestimmen, dass sie sich wirklich und erkennbar im Zeichen des Evangeliums vollziehen? Dabei sind alle Aussagen jeweils an den herkömmlichen Begriffspaaren »Evangelium und Gesetz«, »Rechtfertigung und Heiligung«, »Indikativ und Imperativ« bzw. »Zuspruch und Anspruch« zu prüfen und zu bewähren.

Für alle von uns, die wir nicht nur abstrakte Diskussionen pflegen, sondern selbst im engagierten – teilweise sogar beruflichen – Vollzug von »Hören, Reden und Tun im Zeichen des Evangeliums« stehen, wird sich schließlich und bestimmend stets auch die Frage nach dem Verhältnis von »Theorie und Praxis« stellen. Denn für diejenigen, die an dem »garstigen Graben« zwischen abstraktem

Denken und praktischer Erfahrung leiden, werden manche theologischen Diskurse so welt- und wirklichkeitsvergessen erscheinen, dass das Gegensatzpaar »Theorie und Praxis« für sie auch gleich »Theologie und Praxis« heißen könnte.

DIE GUTE NACHRICHT VON GOTTES GERECHTIGKEIT

Die vorliegende Einführung in das Thema »Das Evangelium – eine Kraft Gottes. Hören – Reden – Tun« versteht sich als neutestamentlich-exegetische Grundlegung, mit der viele der angesprochenen Problemfelder und Fragen bereits berührt werden. – Doch vergegenwärtigen wir uns zunächst den Wortlaut des angesprochenen Textes Römer 1,16 f: »Ich schäme mich des Evangeliums nicht; denn es ist eine Kraft Gottes zum Heil für jeden Glaubenden – den Juden zunächst und auch den Griechen. Denn die Gerechtigkeit Gottes wird in ihm offenbart – aus Glauben zum Glauben [d. h. ausschließlich im Glauben]; wie geschrieben steht: ›Der aus Glauben Gerechte wird leben‹« (Hab 2,4).

Mit diesen Worten formuliert Paulus das Thema seines ausführlichsten Schreibens, das er an die ihm persönlich noch unbekannte Gemeinde in Rom verfasst. Nachdem der Apostel seinen Auftrag, das Evangelium für die Völker zu verbreiten, im Osten des Römischen Reiches grundsätzlich erfüllt hat (Röm 15,19.23), strebt er nun im Westen bis an »das Ende der Erde«, was aus der Perspektive eines an Jerusalem orientierten Israeliten am anderen Ende der mediterranen Welt Spanien bedeutet (Röm 15,24.28).

Da Paulus die römischen Christen für die geistliche und personelle Unterstützung dieses Missionsvorhabens gewinnen will (15,24.28), stellt er sich ihnen mit seiner Verkündigung des Evangeliums zunächst vor; muss er doch durchaus damit rechnen, dass auch die Gemeinden Roms bereits von den Auseinandersetzungen des Heidenapostels mit den sich streng an die Thora haltenden Judenchristen und ihrer Forderung nach Beschneidung der Heidenchristen gehört haben (Gal 2,1-21; 5,2.12; 6,12f). So entfaltet Paulus in dem großen Hauptteil des Römerbriefes über 15 Kapitel (1,16-15,13) das ihm vor Damaskus erschlossene und aufgetragene Evangelium von Jesus Christus – jeweils im Hinblick auf die in der aktuellen Debatte umstrittenen theologischen Fragen.

Die persönlich formulierte Einleitung: »Ich schäme mich des Evangeliums nicht«, ist nicht etwa als »understatement« des Apostels zu deuten, sondern im Sinne einer gesteigerten Aussage: »ich bekenne das Evangelium ganz freimütig und gern« (rhetorisch gesehen handelt es sich also um eine Steigerung durch die Verneinung des Gegenteils, eine so genannte »Litotes«). Wie viel Ernst in dieser unerschrockenen Bereitschaft liegt, wird erst vom Briefabschluss Römer 15,25.30f her deutlich: Paulus befindet sich beim Verfassen des Römerbriefes (ca. 56 n. Chr.) unmittelbar vor seiner letzten Jerusalemreise, bei der er infolge seines konsequenten Bekenntnisses nun endgültig verleumdet und gefangen genommen werden sollte. Er selbst hat seine freimütige Evangeliumsverkündigung wohl wenige Jahre später in Rom mit seinem Martyrium besiegeln müssen (ca. 64 n. Chr.).

Dieses offene Bekennen des Evangeliums ist für Paulus gleich zweifach begründet: Zunächst ist es bekennenswert, da es sich dabei nicht nur um das Wort des Paulus oder der Jerusalemer Apostel handelt, sondern um Gottes eigenes Wort. Wie bereits im Briefeingang Römer 1,1 betont, ist es das »Evangelium *Gottes*« (*Genitivus subiectivus*; vgl. Röm 15,16), das Gott selbst seinen Aposteln bei der Offenbarung seines auferstandenen Sohnes erschlossen hat (Gal 1,11f. 15f; vgl. 1. Kor 15,5-10). Die Verkündigung der Apostel – das so genannte Kerygma – hat dieses von Gott vorgegebene Evangelium als Grundlage und Kriterium (Röm 10,16f; Gal 1,6-12), was im Fall einer Auseinandersetzung um die »Wahrheit des Evangeliums« zwischen Aposteln von entscheidender Bedeutung ist – wie z. B. beim Konflikt zwischen Paulus, Petrus und den Jakobusleuten in Antiochien (Galater 2, 11-21).

Neben dem göttlichen *Ursprung* des Wortes motiviert den Apostel auch der *Inhalt* des Evangeliums zu seinem freudigen Bekenntnis, denn es enthält im Wortsinn eine »erfreuliche Botschaft« und »gute Nachricht« für die Menschen, denen es verkündet wird. Fragen wir nach dem konkreten Inhalt des Evangeliums, dann werden wir zunächst und vor allem auf die Person Jesus Christus hingewiesen, denn das Evangelium *Gottes* ist das Evangelium von seinem *Sohn* (Röm 1, 3 f. 9; 15, 19). Es teilt uns mit, wer Christus ist und wie Gott, der Vater, an und in ihm zugunsten der Menschen gehandelt hat und handeln wird. Die reformatorische Betonung des *solus Christus* – des »Christus allein« – gründet in diesem christozentrischen Verständnis des Evangeliums. Dieses Handeln Gottes ist dabei so zentral und wesentlich mit dem Kreuz und der Auferstehung verbunden, dass Paulus das Evangelium als Ganzes auch als das »Wort vom Kreuz« (1. Kor 1, 17 f) bezeichnen kann. Und es ist so zentral mit der Frieden stiftenden Versöhnung der Welt mit Gott befasst, dass er es ebenso als das »Wort von der Versöhnung« charakterisiert (2. Kor 5, 19).[7]

In unserem Zusammenhang, Römer 1,16 f, wird das Evangelium von Paulus in fünffacher Hinsicht als »bekenntniswürdig« charakterisiert: Es ist 1.) eine *Kraft* – 2.) von *Gott* – 3.) zum *Heil* – 4.) für *jeden* – 5.) im *Glauben* (1,16 b); wobei die in der Auseinandersetzung mit den judaistischen Gegnern besonders brisante Betonung des »für *jeden*« (4.) durch die Ergänzung »den *Juden* zuerst und *auch den Griechen*« (1,16 c) nochmals hervorgehoben wird. Dass es Paulus in seinem prägnanten Briefthema neben diesem *universalen* Aspekt vor allem um die exklusive Bedeutung des *Glaubens* geht (zusammengefasst in der Wendung »für *jeden Glaubenden*«, 1,16 b), zeigt sich an der doppelten Aufnahme des Glaubensmotivs im folgenden Satz: Die Offenbarung geschieht »*aus* Glauben *zum* Glauben« – d. h. »ausschließlich, von Anfang bis Ende im Glauben« (1,17 a) –, und die Schrift (Hab 2,4) spricht ausschließlich dem »aus *Glauben* Gerechten« das Leben zu (1,17 b).

Nun mag uns heute – mehr noch als die fünffache Qualifikation des Evangeliums – überraschen, dass Paulus als weitere Begründung für das freudige Bekenntnis der guten Botschaft Gottes und als inhaltliche Zusammenfassung derselben angibt: »Denn die *Gerechtigkeit Gottes* wird in ihm [dem Evangelium] offenbart.« – Inwiefern kann man beim Wort Gottes von einer »erfreulichen

Nachricht« reden, wenn darin Gottes *Gerechtigkeit* offenbart wird? Und was hat die Gerechtigkeit mit der Bestimmung des Evangeliums als »Kraft Gottes zum Heil für jeden Glaubenden« zu tun? Wenn doch, wie Paulus im Anschluss (Röm 1,18–3,20) selbst nochmals vergegenwärtigt, Gott ein gerechter Richter ist und jeder Mensch einmal auf der Grundlage seines gelebten Lebens von Gott ohne Ansehen der Person beurteilt werden wird (2,6 ff), inwieweit handelt es sich dann bei Gottes Wort um eine entlastende und erleichternde Botschaft? Erwarten wir nicht von einem gerechten Richter, dass er seine Gerechtigkeit in einem unbestechlichen, analytischen Urteil erweist, dass er nach dem lateinischen Rechtsgrundsatz *suum cuique* – »jedem das Seine« – einem jeden zuteilt, was er verdient: dem zu Unrecht Verklagten den Freispruch und dem Schuldigen die verdiente Verurteilung, dem Unschuldigen die Wiedergutmachung und dem Ungerechten seine Strafe? Muss die Ankündigung einer solchen »verteilenden« Gerechtigkeit (*iustitia distributiva*) des allwissenden himmlischen Herrn nicht eher Angst und Sorge verbreiten als Hoffnung? Wer will sich denn anmaßen, nach Gottes Maßstäben und ihm gegenüber stets vollkommen und gerecht gelebt zu haben?

In der Tat lässt sich mit unserem Vorverständnis von »Gerechtigkeit« das Evangelium als ein erfreuliches und kraftvolles Wort Gottes zum Heil für jeden Glaubenden kaum begreifen. Paulus schließt sich in seiner Bestimmung von der »Gerechtigkeit Gottes« jedoch vielmehr an das alttestamentlich-jüdische Verständnis von Gerechtigkeit an[8]:

(1) Nach alttestamentlichem Verständnis ist die »Gerechtigkeit« (hebr. *ṣ*ᵉ*dāqā*) viel weniger als in unserem Denken an einer abstrakten Norm, an einem »Gesetz« orientiert, sondern an den *Beziehungen* – zunächst zu Gott, dann zum Nächsten und zum eigenen Volk. Der Mensch ist nicht *an sich* gerecht und auch nicht primär gegenüber dem *Gesetz vom Sinai* – das zweifellos die Grundlage des jüdischen Glaubens und Lebens bildet –, sondern im Hinblick auf eine konkrete, gelebte *Beziehung*. Die Aussage: »Ich bin gerecht!« müsste nach alttestamentlichem Verständnis sofort präzisiert werden durch die Frage: »Wem gegenüber?« Denn die Gerechtigkeit wird hier als *Relations*-, d. h. *Beziehungsbegriff* verstanden: »Gerechtigkeit« (*ṣ*ᵉ*dāqā*) ist in alttestamentlich-jüdischer Tradition das *der Beziehung entsprechende*, das *gemeinschaftsbezogene* Verhalten; und als »gerecht« gilt ein Tun, wenn es »gemeinschaftstreu«, »loyal« und »heilvoll« ist.

(2) Dieses besondere Verständnis von »Gerechtigkeit« als einem Relationsbegriff entspricht nun einer vertieften *anthropologischen* Gesamtsicht: Der

von Gott geschaffene und von ihm in die Gemeinschaft gestellte Mensch existiert nicht an sich und unabhängig von anderen, sondern er lebt in konkreten Beziehungen, im Angesprochensein und Sprechen, im Mitteilungsgeschehen zwischen Gott und seinem Volk. Was unserer individualistischen Tradition durchaus fremd erscheinen mag, ist für die biblischen Traditionen konstitutiv – d.h. wesentlich und grundlegend: Der Mensch ist für das »Wir« geschaffen, für die lebensfördernde und heilvolle Gemeinschaft. Haben die einzelnen Mitglieder eine solche zuträgliche Beziehung, dann herrscht im gefüllten Sinn »Frieden« – »Schalom«. Denn wenn der Mensch *ist*, dann ist er *in Beziehung*. Mit dem Verlust seiner lebensstiftenden und -tragenden Beziehungen ist sein Leben selbst gefährdet. Der Beziehungslose würde seine Lebensgrundlage verlieren, der von Gott und Menschen Verlassene sähe sich von der Todessphäre bedroht. Auf diesem Hintergrund gewinnt die Bestimmung der Gerechtigkeit als *ein der Beziehung entsprechendes Verhalten* einen ganz gefüllten Sinn: »Gerechtigkeit« (*ṣᵉdāqā*) ist nachdrücklich als *personaler* Relationsbegriff zu verstehen.

(3) Nun versteht es sich fast von selbst, dass die inhaltliche Konkretion einer solchen Gerechtigkeit von dem *jeweiligen Verhältnis* abhängig ist. Die Beziehung zu Gott ist eine andere als die zu Men-

schen, die Relation zum Nächsten ist nicht die gleiche wie die zum Feind. Was als gerechtes Verhalten gegenüber einem Fremden im Land gelten mag, z. B. die Duldung und die Gewährung des Gastrechtes, wäre als Verhalten gegenüber der Ehefrau und den Kindern oder auch gegenüber den eigenen Eltern unzureichend. Die *Beziehung* gibt die Kriterien für die Bestimmung des gerechten Verhaltens vor.

In Hinsicht auf die Gottesbeziehung sind die Vorgaben in der breiten alttestamentlichen Tradition im entscheidenden Punkt überraschend einheitlich und weitgehend. Ob wir an die drei ersten der Zehn Gebote denken (2. Mose 20,1 ff; 5. Mose 5,6 ff) oder an das bis in die Gegenwart hinein von Juden gebetete »Höre Israel, der Herr ist unser Gott, der Herr allein« (*Sch^ema Jisrael*) samt dem nachfolgenden Gebot der Liebe zu Gott (5. Mose 6,4 f), die hier beschriebene Relation ist nicht nur eine von vielen personalen Beziehungen, sie zeichnet sich vielmehr durch ihre *Ganzheitlichkeit* und *Ausschließlichkeit* aus. Die Beziehung zu Gott ist Israel von Gott selbst als eine *ganzheitlich*-personale eröffnet, oder um es mit den Worten der »Zugehörigkeitsformel« zu sagen, Gott spricht zu Israel: »Ich will unter euch wandeln und will *euer Gott* sein, und ihr sollt *mein Volk* sein« (3. Mose 26,12; vgl. Hes 37,27; Offb 21,3).

(4) Wenn aber die Beziehung zu Gott in solch radikaler und umfassender Weise als »Liebe von ganzem Herzen, von ganzer Seele und mit aller Kraft« (5. Mose 6,5) beschrieben wird und wenn die Loyalität und Treue zu Gott in der Ausschließlichkeit des ersten Gebotes bestimmt wird – »Ich bin der Herr, dein Gott, du sollst keine anderen Götter neben mir haben!« (2. Mose 20,2f) –, dann erscheint auch das Verständnis der Ungerechtigkeit, der Verfehlung und Sünde in einem neuen Licht. »Ungerechtigkeit« ist dann nicht nur ein konkretes unmoralisches Verhalten, sondern im Kern eine *Verletzung der persönlichen Beziehung*; und als Sünde erscheint nicht vorrangig eine bestimmte Gebotsübertretung, sondern vielmehr die *Abwendung von der Gemeinschaft.*

Das eigentliche Vergehen liegt in der *Verfehlung der Bestimmung zur Gemeinschaft*, und die Sünde ist ihrem Wesen nach *Trennung von Gott.* Alles, was von Gott trennt, ist Sünde, denn es gefährdet die Gottesbeziehung und damit das Leben; und alles, was der Beziehung zu Gott, zum Nächsten und mir selbst schadet, wird in Geboten und Weisungen als Verfehlung bestimmt. Auf diesem Hintergrund wird deutlich erkennbar, dass es bei dem biblischen Verständnis von Gerechtigkeit keineswegs um einen primär *moralischen* oder einen ausschließlich *forensisch-juristischen* Begriff geht, sondern hinsichtlich der Gottesbeziehung um einen spezifisch *»theologisch«* gefüllten: Als Gerechtigkeit gilt das der *ganzheitlich-personalen Beziehung* entsprechende Verhalten – von Gott aus gegenüber den Menschen und von Seiten der Menschen gegenüber Gott. Das konkrete Hören, Reden und Tun wird als Ausdruck dieser Beziehung gewertet; es kann weder an die Stelle der Beziehung treten, noch könnte das moralische Verhalten seinerseits die Beziehung konstituieren, d. h. begründen oder wiederherstellen.

RECHTFERTIGUNG ALS BEGNADIGUNG

Auf dem Hintergrund dieser alttestamentlich-jüdischen Tradition erscheint die Frage nach dem Evangeliumsverständnis des Apostels im Römerbrief umso spannender: Wie ist die Offenbarung der Gerechtigkeit Gottes bei Paulus als »gute Botschaft« gedacht? – Bevor der Heidenapostel in Römer 3,21 mit der positiven Entfaltung seiner Grundthese von 1,16 f beginnt, spricht er zunächst über die *Notwendigkeit* der Offenbarung der Gerechtigkeit Gottes (1,18-3,20). Im Hinblick auf die ganzheitlich-personale Beziehung, die dem Menschen von Gott zugedacht ist, und in Anbetracht des gefüllten Verständnisses von Gerechtigkeit, könnte kein Mensch – ob Jude oder Heide – aufgrund seines Denkens, Redens und Tuns vor Gottes Angesicht als gerecht erwiesen werden.

Der Ausgang eines *analytischen* Urteils durch Gott am Tag des Gerichts ist nicht offen, sondern bereits entschieden: »Denn wir haben zuvor Anklage erhoben, dass alle, Juden wie Griechen, unter der Sünde sind« (3,9). »... damit jeder Mund gestopft werde und die ganze Welt vor Gott schuldig sei« (3,19). »Denn alle haben sie gesündigt und entbehren der Herrlichkeit Gottes« (3,23). Wie ernst Paulus dieses radikale Ergebnis meint – das er bereits in der Schrift bezeugt sieht (3,9–20) –, wird daran deutlich, dass er in seinem Schriftbeweis in Röm 4 sogar Abraham und David in die Reihe der Gottlosen und auf Vergebung angewiesenen Sünder gestellt sieht, die infolge ihres gelebten Lebens keinesfalls vor Gott bestehen könnten.

Rechtfertigung im Sinne des endgültigen und verbindlichen Freispruchs zum Leben durch Gott kann es unter dieser Voraussetzung nicht aufgrund eines *analytischen* richterlichen Urteils geben, sondern ausschließlich als *Begnadigung* der als schuldig Erwiesenen und zu Recht Verurteilten. So wie ein Schuldiger und rechtskräftig Verurteilter hinsichtlich seines gelebten Lebens auch von einem König oder Präsidenten nicht anders beurteilt werden, wohl aber durch sie *begnadigt* werden kann, so wird den an Christus Glaubenden im Evangelium zugesagt: »sie sind *geschenkweise* gerechtfertigt worden, d. h. sie haben *umsonst* den rettenden Freispruch empfangen, durch seine *Gnade* kraft der Erlösung, die in Christus Jesus [geschehen] ist« (Röm 3, 24).

Gott als Richter rechtfertigt die als schuldig Erwiesenen, indem er sie im Evangelium begnadigt und sie geschenkweise freispricht, ihnen wirksam zusagt: »Du bist frei!« Dieser Freispruch aber basiert eindeutig auf einem *synthetischen* Urteil Gottes: Die Rechtfertigung bewirkt selbst, was sie zuspricht; sie setzt die Gerechtigkeit und Freiheit des Menschen nicht voraus, sondern schafft sie erst durch das vollmächtige Wort. »Ich begnadige dich!«, ist eine *performative* – die Handlung selbst vollziehende – Aussage. Die Freiheit des Verurteilten wird durch den, der die Autorität hat, Schuldige zu begnadigen, nicht *festgestellt*, sondern *hergestellt*. Die Kraft des Evangeliums und die Gewissheit der Rechtfertigung liegen damit freilich allein in der Autorität dessen begründet, der sie zuspricht, verantwortet und verwirklichen kann.

DAS GESCHENK DER GERECHTIGKEIT GOTTES

Was ist dann aber präzise unter der »Gerechtigkeit Gottes«[9] zu verstehen, die Paulus in Röm 1, 16f als den zentralen Inhalt des von ihm bezeugten Evangeliums von Jesus Christus angibt? Ist dabei (1) an die Gerechtigkeit gedacht, die Gott *selbst* als *Eigenschaft* hat (*Genitivus subiectivus*, Genitiv des logischen Subjekts), oder ist (2) die Gerechtigkeit gemeint, die Gott *wirkt* und *schafft* (*Genitivus auctoris*, Gen. des Urhebers), oder wird (3) mit Gerechtigkeit Gottes die Gerechtigkeit beschrieben, die der Mensch *vor* Gott, *im Angesicht* Gottes erweisen muss, um vor ihm im Gericht zu bestehen – gemäß der aus der Lutherbibel vertrauten Übersetzung: »die Gerechtigkeit, die *vor Gott gilt*« (*Genitivus obiectivus*, Gen. des logischen Objekts)? – Um eine lange und komplizierte theologische Diskussion kurz zu machen: Gemäß dem Verständnis des Paulus bringen alle drei Aspekte Entscheidendes in den Blick:

(1) *Gott* selbst hat sich – im Unterschied zu Israel und der Welt – in Christus als seinen Menschen gegenüber treu und zuverlässig, und das heißt »gerecht« erwiesen; er hat sogar an seiner Erwählung und Berufung festgehalten, als die Israeliten sich – wie die Völker – nicht der von Gott eröffneten

Beziehung entsprechend verhielten, sondern Gott gegenüber untreu und illoyal waren, als sie nicht »sein Volk« sein wollten und er nicht mehr als »ihr Gott« anerkannt wurde. Insofern ist es angemessen, davon zu sprechen, dass »Gerechtigkeit Gottes« (*Genitivus subiectivus*) *seine Eigenschaft* und *sein Verhalten* bezeichnet: Die Erlösung in Christus geschah »zum Erweis *seiner* Gerechtigkeit in der jetzigen Zeit, dass *er selbst gerecht ist* ...« (Röm 3,26).

(2) Wenn der Erweis der Gerechtigkeit Gottes darin besteht, dass er Schuldige begnadigt und Verurteilte freispricht (»Gott ist es, der gerecht macht und freispricht«, 8,33) und dass er sogar den erwiesenermaßen Gottlosen gerecht spricht (»[Abraham] glaubte an den, der den *Gottlosen* gerecht macht«, 4,5), dann ist die Rede von der Gerechtigkeit Gottes als derjenigen, die er dem Menschen schafft und *für ihn* und *an seiner Stelle* bewirkt (*Gen. auctoris*), nicht nur zutreffend, sondern der eigentlich überraschende und zentrale Aspekt des Evangeliums. Gott ist für seinen Teil gemeinschaftstreu und gerecht, und er macht zudem – und gerade als solcher – den gerecht, der sich seinerseits illoyal und ungerecht verhalten hat. Er erweist seine Gerechtigkeit also darin, »dass er selbst gerecht *ist* und den an Jesus Glaubenden gerecht *macht*« (3,26).

(3) Schließlich ist auch der Gedanke der Gerechtigkeit, die *vor* Gott im Endgericht gilt und *ihm*

gegenüber bestehen kann – also der »Gerechtigkeit Gottes« im Sinne eines *objektiven* Genitivs – durchaus für die paulinische Darstellung der Rechtfertigung zutreffend, solange stets im Bewusstsein bleibt, dass nicht an die *menschliche* Gerechtigkeit – ob als Jude, als Heide oder auch als Christ (!) – gedacht ist, sondern an die dem Menschen in Christus von Gott *geschenkte* Gerechtigkeit (*iustitia Dei passiva*), die »Gerechtigkeit durch den Glauben an Christus, die Gerechtigkeit aus Gott auf der Grundlage des Glaubens« (Phil 3,9)! Sie kommt dem Menschen in dem Sinne als eine *»fremde* Gerechtigkeit« – *iustitia aliena* – zugute, dass ihm die Gerechtigkeit *Christi* »zugerechnet« wird (*iustitia imputativa*). Denn auch die Gerechtigkeit der an Christus gläubig Gewordenen besteht prinzipiell darin, dass Christus für sie von Gott »zur Gerechtigkeit gemacht worden ist« (1. Kor 1,30) und er, der von keiner Sünde wusste, für uns und zu unseren Gunsten »zur Sünde wurde«, damit wir durch ihn »zur Gerechtigkeit Gottes würden«, d.h. zu Menschen, die in ihrem ganzen Sein durch Gottes Gerechtigkeit gekennzeichnet sind (2. Kor 5,21).

Die Zuversicht der an Christus Gläubigen basiert also nicht etwa auf der Hoffnung, dass ihr eigenes Leben seit der Taufe bzw. seit ihrem Gläubigwerden im Endgericht nach den Maßstäben der umfassenden Liebe und der uneingeschränkten Beziehungstreue bestehen könnte. Vielmehr beruht sie allein auf der im Evangelium zugesprochenen Gewissheit, dass Gott, der Vater, uns aufgrund seiner erwiesenen Liebe und grenzenlosen Treue – trotz aller berechtigten und unberechtigten Anklagen gegen uns! – endgültig begnadigen und freisprechen will (Röm 8,31–33). Und sie basiert auf der Zusage, dass Christus, der für uns Gestorbene und Auferstandene, der nun zur Rechten seines Vaters ist, trotz aller Verurteilungen hinsichtlich unseres gelebten Lebens für uns eintritt und Fürsprache für uns einlegt (8,34)! Vater und Sohn, Richter und Fürsprecher kommen in ihrem Urteil und Plädoyer überein. Bei gleichzeitiger Begnadigung durch den Vater und zusätzlicher Fürsprache durch den Sohn kann man im Sinne von Röm 8 davon sprechen, dass bei der Rechtfertigung in Christus *Gott sich selbst zuvorkommt*!

Nur unter dieser Voraussetzung wird verständlich, dass der Apostel von der endzeitlichen Rechtfertigung als einem *gegenwärtigen* Geschehen sprechen kann: »Nun wir denn *gerechtfertigt worden sind* durch den Glauben, *haben* wir Frieden mit Gott durch unseren Herrn Jesus Christus« (5,1). Stünde nach Paulus das endgültige Urteil Gottes über die Glaubenden noch aus und wäre von der Bewährung und dem eigenen Verhalten der Gläubigen noch abhängig, ob sie im Endgericht freigesprochen oder endgültig verurteilt werden, dann wären weder die *präsentischen* Aussagen über Rechtfertigung und Heilsempfang noch auch die Zeugnisse der *Heilsgewissheit*[10] nachvollziehbar. Nicht die eigene Gerechtigkeit der Gläubigen macht gewiss, dass fortan keine Macht und keine Größe mehr die Gerechtfertigten von Gott trennen können, sondern ausschließlich die im Evangelium erklärte Liebe und Treue Gottes[11], d. h. die »Gerechtigkeit *Gottes*«.

Selbstverständlich darf die Rechtfertigung des Gottlosen nach Paulus nicht als Rechtfertigung der *Gottlosigkeit* missverstanden werden, und ohne Zweifel sind die aus Gnaden Gerechtfertigten zum Leben in der Gerechtigkeit befähigt und berufen. Dennoch versteht der Apostel das *Gerechtsprechen Gottes* keineswegs im Sinne der gegen die Reformatoren vertretenen *iustificatio effectiva*, der so genannten »wirksamen Gerechtmachung«, die den Ungerechten zum faktisch ganz gerecht Lebenden machen soll, so dass dieser im Endgericht dann infolge seiner eigenen Werke als Gerechter anerkannt werden wird. Nicht erst für M. Luther, sondern vor allem für Paulus selbst ist und bleibt es die Gerechtigkeit *Christi*, auf die sich die Hoffnung der Christen allein gründet.[12]

Zusammenfassend lässt sich also zum Verständnis der »Gerechtigkeit Gottes« nach Paulus festhalten, dass die Gerechtigkeit sowohl als Gottes *Eigenschaft* im Blick ist wie auch als Gottes *Heilshandeln*, sowohl als Gottes rettende *Heilsmacht* als auch als Gottes *Heilsgabe* an den Menschen. Sie wird als geprägte Wendung bei Paulus gerade *nicht* für das gerechte Richten und Verurteilen gemäß der *iustitia distributiva* verwandt, sondern speziell für die »*heilbringende*« – d. h. freisprechende und begnadigende – Gerechtigkeit, die *iustitia Dei salutifera*. Wenn Paulus von dem Vollzug der Rechtfertigung und Gerechtmachung durch Gott spricht, meint er durchgängig die »Rechtfertigung des Gottlosen um Christi willen allein aus Gnade durch den Glauben« – also die *iustificatio impii propter Christum sola gratia per fidem* (Röm 3,24.26.28; 4,5; 5,1.9).

DIE KRAFT DES EVANGELIUMS

Kehren wir nun in unserem letzten Hauptteil zu der Formulierung der Grundthese des Römerbriefes (1,16 f) zurück, so werden die Charakterisierung des Gotteswortes als »guter Botschaft« und die fünffache Qualifikation des Evangeliums als »Kraft – Gottes – zum Heil – für jeden – Glaubenden« auf dem Hintergrund unserer Erkenntnisse zur »Gerechtigkeit Gottes« unmittelbar verständlich und nachvollziehbar:

(1) Die *Kraft* des Evangeliums (vgl. 1. Kor 1, 18.24) gründet in der Autorität dessen, der darin spricht und der es offenbart hat, und bezieht sich zudem auf den Inhalt der »erfreulichen Nachricht«: Sie bezeugt die *Heilsmacht* und *Heilssphäre* der Gerechtigkeit Gottes, die den Sünder zu erlösen und den Gottlosen zu einem Gerechten zu machen vermag (1. Kor 2, 4 f; 1. Thess 2, 13). Dabei ist das Evangelium nicht lediglich als theoretische Mitteilung über Geschehenes, sondern als wirksamer Zuspruch und als wirkmächtiger Freispruch zu verstehen. So wie die erste Schöpfung durch Gottes Wort und sein »Es werde …!« geschaffen wurde (1. Mose 1, 3 ff; Ps 33, 6.9), so hat Gott auch durch sein Evangelium in den Herzen der Gläubigen Licht werden lassen, dass sie Gott im Angesicht Christi erkennen können (2. Kor 4, 6). Das Evangelium bewirkt bei seiner Verkündigung die Rettung im Glauben, von der es Kunde gibt (Röm 10, 17; Gal 3, 2.5).

(2) Diese im Evangelium wirkende Kraft – *dynamis* – hat ihren Ursprung und ihre bleibende Stärke allein *in Gott* (2. Kor 4, 7; 12, 9; 13, 4; Phil 4, 13). Die Gerechtigkeit, von der das Evangelium spricht, ist ausschließlich *Gottes* Gerechtigkeit, die am Menschen wirksam ist und ihm zukommt, die aber kei-

neswegs vom Menschen selbst hervorgebracht oder auch nur ohne Gott erhalten werden könnte. Das Evangelium spricht seinen Hörern Gottes Kraft und Wirken zu, es fordert nicht vom Menschen, dass er in seinem Reden und Tun nunmehr selbstständig und unabhängig von Christus »göttliche« Kraft hervorzubringen oder aufzuweisen hätte. Vielmehr wirkt die Heilsmacht der Gerechtigkeit Gottes gleich einem *Kraftfeld*, das den, der sich in ihrem Wirkungsbereich befindet, mit seiner Energie beeinflusst und bewegt.

(3) Nicht weniger entscheidend ist auch die dritte Bestimmung: Die Gerechtigkeit Gottes als Inhalt des Evangeliums wirkt ausschließlich *zum Heil* des Menschen – d. h. zu seiner Rettung, seiner Heilung und Bewahrung im Heil. Paulus kann selbstverständlich auch von Gottes *Richten* und *Verurteilen* sprechen, dann gebraucht er aber – wie im unmittelbaren Anschluss an unsere Stelle in Römer 1,18 – den Begriff »*Zorn* Gottes«[13], mit dem er speziell Gottes Endgericht über alle menschliche Gottlosigkeit und Ungerechtigkeit bezeichnet. Gottes *Gerechtigkeit* aber erweist sich ausschließlich zum Heil! – Der sinngleiche Gebrauch von Gerechtigkeit und Heil geht ebenfalls auf spezifische alttestamentliche Traditionen zurück, die wir in Jesaja 40 ff (Jes 46,12 f; 51,5a.8; 56,1; 59,17; 61,10 f; 62,1 f) und vereinzelt in den Psalmen

(71,15 f; 98,2 f) greifen können. Dort wird dem als schuldig und straffällig erwiesenen Volk von Gott verheißen: »Höret mir zu, die ihr verlorenen Herzens seid, die ihr ferne seid von der Gerechtigkeit! Ich habe nahe gebracht meine *Gerechtigkeit*, und mein *Heil* säumt nicht« (Jes 46,12 LXX). Oder: »Schnell naht meine *Gerechtigkeit*, und mein *Heil* wird hervortreten wie das Licht; und auf meinen Arm werden die Heiden hoffen ...« (Jes 51, 5 LXX). Diese angekündigte Offenbarung der Gerechtigkeit Gottes als rechtfertigendes und rettendes Heil erkennt Paulus in der Sendung Christi und der Gabe des Evangeliums nunmehr als verwirklicht, und er sieht sich selbst als einen der Freudenboten, die nach Jesaja 52,7 gesandt sind, Frieden zu verkündigen, Gutes zu predigen, Heil zu verkündigen und den Antritt der Königsherrschaft des Herrn, d.h. Jesu Christi, des Gottessohnes, zu bekennen (Röm 10,9–16; 15, 20 f)[14].

(4) Die nächste Bestimmung: »für *jeden*«, die durch die Ergänzung »den Juden zunächst *und auch den Griechen*« ausdrücklich präzisiert wird, mag uns als überwiegend »heidenchristlich« – d.h. »nicht-judenchristlich« – geprägte Kirche inzwischen als selbstverständlich erscheinen.[15] Dabei übersehen wir aber die grundsätzliche Bedeutung, die die universale Ausweitung des Evangeliums hat. Es wen-

det sich weder ausschließlich an eine bestimmte Volksgruppe noch an einzelne Stände und Gruppen noch auch ausschließlich an ein Geschlecht, sondern an *alle* Menschen – ohne Ansehen der Person. Dementsprechend gilt auch für die durch Christus Berufenen uneingeschränkt: »Es gibt nicht Juden noch Griechen, es gibt nicht Sklaven noch Freien, es gibt nicht Mann noch Frau. Ihr alle nämlich seid *einer* – ihr bildet alle eine Einheit – in Christus« (Gal 3,28).

Diese universale »Entschränkung« der Evangeliumsverkündigung war nicht nur für die damalige zeitgeschichtliche Auseinandersetzung – hinsichtlich der Aufnahme von Heiden in die von Judenchristen geprägte frühe Kirche – von größter Bedeutung. Sie repräsentiert und besiegelt die völlige *Voraussetzungslosigkeit* der Verkündigung des in Christus erschlossenen Heils. Es gibt keine *Vorbedingung*, die der Hörer des Evangeliums von sich aus zu erfüllen hätte, und es gibt keinerlei *Voraussetzung*, die er selbst mitbringen müsste, um die Heilszusage auf sich beziehen zu dürfen. Denn die Voraussetzungen und Vorbedingungen der Rechtfertigung vor Gott und der versöhnten Gemeinschaft mit ihm hat Gott jetzt seinerseits zugunsten seiner Menschen in der Sendung seines Sohnes erfüllt und verwirklicht: »Sie sind umsonst – d.h. geschenkweise – gerechtfertigt worden durch seine

Gnade kraft der Erlösung, die in Christus Jesus [geschehen] ist« (Röm 3,24).

Im Evangelium wendet sich Gott den Menschen *bedingungslos* zu und nimmt sie – wie das Kreuzesgeschehen zeigt – *unbedingt* an. Denn in der Lebenshingabe Jesu für die Seinen ist nach Paulus der überwältigendste Ausdruck der vorbehaltlosen Liebe Gottes zu sehen: Christus gab sein Leben für uns hin, als wir noch Unvermögende, Gottlose, Feinde Gottes und Sünder waren (Röm 5,6–8).[16] Die im Evangelium verkündigte Zuwendung Gottes macht sich nicht von menschlichen Werten, Voraussetzungen und Leistungen abhängig, sondern sie gilt dem Menschen als das, was er ist. Sie hat nicht nur seine Qualitäten, sondern ihn selbst im Blick. Gottes in Christus offenbarte Liebe kommt dem Menschen nicht zu, weil er sich als liebenswert und einmalig erweisen kann, sondern der Mensch erkennt seinen wahren Wert und seine unverwechselbare Bedeutsamkeit daran, dass er von Gott geliebt wird (Röm 5,8; 8,31 f; Gal 2,20; vgl. Eph 2,4 ff; 5,2.25 b).

(5) Wenn auch Gottes Zuwendung zur Welt zweifellos voraussetzungslos ist und seine Liebe sich in Christus als vorbehaltlos erwiesen hat, so möchten manche einwenden, dass sie trotzdem nicht ganz *bedingungslos* sei. Bei aller Voraussetzungslosigkeit der Liebe und Berufung gibt es

doch scheinbar eine Bedingung, an die die Rechtfertigung aus Gnaden geknüpft wird – nämlich den *Glauben.* Das Evangelium ist »Gottes Kraft zum Heil für jeden *Glaubenden*« – bzw., wie auch übersetzt wird, »für jeden, *der glaubt*«. Ist der Glaube nun die *eine* Bedingung, die der Mensch von sich aus und allein erfüllen muss, um das Geschenk der Begnadigung zu erhalten? Ist er der *eine* Schritt, den der Mensch ohne Gottes Hilfe auf Gott zugehen muss, nachdem ihm Gott in Christus 99 von 100 oder – reden wir groß von der Gnade – 999 von 1000 Schritten entgegengekommen ist?

Diese gedanklichen – wichtiger aber noch: seelsorgerlich bedeutsamen – Schwierigkeiten können nur aufkommen, wenn man den Glauben als eine menschliche Möglichkeit und Leistung missversteht. Richtig gesehen wird bei der Betonung der *Notwendigkeit* des eigenen Glaubens, dass die Gemeinschaft mit Gott und das neue Leben in Christus im Neuen Testament durchgängig mit dem Glauben verbunden werden: Es gibt danach keine christliche Identität ohne Glauben! Zutreffend ist auch, dass es der *Mensch* ist, der glaubt, denn der »*Glaubens*begriff« wird als solcher in unserer Sprache ja nicht in Hinsicht auf Gottes Haltung der Welt gegenüber gebraucht. Hingegen ist es unzutreffend, dass der »Glaube« bei Paulus als *menschliche* Möglichkeit oder als *vom Menschen selbst* zu erbringender Beitrag dargestellt wird. Wenn nämlich die von Gott geforderte und erfüllte Gerechtigkeit die ganzheitlich-personale Beziehung bedeutet und wenn die eigentliche, grundlegende Sünde die *Trennung* und *Unabhängigkeit* von Gott ist, wie sollte dann der Glaube vom Menschen selbst und ohne Gott zu leben und hervorzubringen sein? Wäre dann der erste Schritt des Glaubens nicht schon wieder ein Schritt in der Unabhängigkeit und also letztlich erneut in Ungerechtigkeit?

Ob es heißt, dass der rettende Freispruch »auf der Grundlage des Glaubens«[17] empfangen wird, oder ob betont wird, dass das Heil »vermittels des Glaubens«, »durch den Glauben«[18] erlangt wird – in jedem Fall versteht Paulus den Glauben nicht als *Voraussetzung* und *Vorbedingung*, die der Mensch von sich aus zu erfüllen hätte, um anschließend dafür das Heil zu erlangen. Vielmehr beschreibt er den Glauben als die *Art und Weise*, in der Gott dem Menschen schon gegenwärtig Anteil an seiner Gerechtigkeit gibt.

Der Mensch muss nicht zuerst glauben, damit Gott ihm infolgedessen das Leben schenkt, sondern indem der Mensch glaubt, hat er bereits das Leben. Der *Glaube selbst* ist schon Geschenk[19], denn er ist die gegenwärtige Gestalt der *Gottesbeziehung*. Der Glaube ist nach Paulus nicht die *conditio* (Bedingung), sondern der *modus* (die Art und

Weise) des Heilsempfangs; die Gerechtigkeit wird dem Menschen nicht »*wegen* seines Glaubens« (*propter fidem*), sondern »*durch* den Glauben«, »*in Gestalt* des Glaubens« (*per fidem*) zugeeignet. Nur unter diesen Voraussetzungen wird verständlich, warum das Evangelium selbst als die wirkmächtige Kraft Gottes zu verstehen ist (Röm 1,16; 1. Kor 1,18.24) und schon das Zustandekommen des Glaubens auf das Wirksamwerden des Geistes und der Kraft Gottes zurückgeführt wird (1. Kor 2,4f; 1. Thess 2,13).

Wenn der Glaube aber die gegenwärtige Gestalt der von Gott geschenkten Beziehung und Gemeinschaft mit ihm selbst ist, dann bedeutet er mehr als nur ein »Für-wahr-Halten« und als »Anerkennung« bzw. »Gehorsam«, ja, er ist noch mehr als menschliches »Vertrauen« und »Sich-Anvertrauen«. In all dem *äußert* sich der Glaube, er geht aber nicht in diesen Ausdrucksformen auf. In der Tat soll der Mensch selbst – nicht nur *einen*, sondern: *unzählige* – Schritte im Glauben machen, aber er braucht keinen einzigen Schritt *ohne* Christus zu gehen, schon gar nicht den ins Endgericht! Die auf der Basis des Glaubens gelebte Gottesbeziehung ist – wie jede Erfahrung echter Liebe – ausgesprochen *folgenreich*, sie bleibt aber durch ihren Geschenkcharakter für immer *voraussetzungslos* und *bedingungslos*. Am Evangelium orientiertes

Hören, Reden und Tun verstehen sich selbst als Folgerung, Ausdruck und Wirkung der Gemeinschaft mit Gott, sie dürfen aber niemals zur nachträglichen Bedingung für die Beziehung umgedeutet werden: »Denn die Gerechtigkeit *Gottes* wird in ihm [dem Evangelium] offenbart – *aus Glauben zum Glauben* [d. h. ausschließlich im Glauben]; wie geschrieben steht: ›Der *aus Glauben Gerechte* wird leben.‹«

WER IST EIGENTLICH GOTT?

AUF DER SUCHE NACH DER WAHRHEIT [20]

Auf die grundlegenden Fragen unseres Lebens lassen wir uns selten in ausgeglichenen Phasen ein, sondern ausgerechnet dann, wenn wir durch innere oder äußere Erschütterung ohnehin verunsichert sind. Wir denken über die Fundamente unseres Wertesystems weniger beim ruhigen Aufbau unserer Lebensordnung nach als vielmehr beim Schwanken ihrer Wände. So beschäftigt uns auch die Frage nach Gott gerade in Krisen, und wir kümmern uns um die Grundlagen unseres Glaubens oft erst dann, wenn wir sie gegen eigene Zweifel und äußere Angriffe verteidigen müssen.

Dass ein Gott existiert – irgendwie und irgendwo – und dass wir als Geschöpfe auf ihn als Schöpfer bezogen sind – in ethischer Verantwortung oder in persönlicher Beziehung –, das setzen wir als Glaubende mehr oder weniger voraus. Dass verschiedene Religionen sich auf den »einen Gott« beziehen – den gleichen oder einen je verschiedenen? – und dass sie, nicht anders als wir selbst, damit einen Wahrheitsanspruch verbinden, das lassen wir in ungestörten Zeiten vielleicht einmal so stehen. Wenn wir aber durch einen persönlichen Schicksalsschlag oder durch eine äußere Krise aus unserer Selbstverständlichkeit aufgerüttelt werden, dann können wir die grundsätzliche Klärung unserer Erkenntnisse und Vorstellungen von Gott nicht einfach weiter aufschieben. Wenn wir wanken, wollen wir wissen, woran wir uns halten können; und wenn wir angegriffen werden, schauen wir nach dem aus, was uns Schutz und Verlässlichkeit bietet.

DER GOTT DER VÄTER UND DER VATER JESU CHRISTI

Dieses Verhalten ist freilich nicht erst Ausdruck eines neuzeitlichen Denkens oder einer abendländischen Krise des Glaubens, sondern dem Menschen wohl von jeher eigen. Weder in Israel noch zur Zeit der ersten Christen waren die Erkenntnis und Erfahrung Gottes je etwas so Selbstverständliches, dass sie keiner Klärung bedurft hätten. Die Verkündigung der Propheten und Apostel hat sich schon von Anfang an mit Missverständnis und Unentschiedenheit auseinandersetzen müssen und sich gerade in dieser Auseinandersetzung profiliert. Das ausdrückliche Bekenntnis zu dem *einen* und *einzigen* Gott – dem *einen* Schöpfer, dem Gott *Israels*, dem *Vater Jesu Christi* – belegt zugleich die vielfältigen Zweifel und Anfechtungen, auf die es antwortet. Das Bekenntnis zu dem *wahren* Gott bedeutet somit schon immer eine Vergewisserung gegenüber anderen Möglichkeiten, sich Gott vorzustellen und die Wirklichkeit zu deuten.

Für die ersten Christen war diese Aufgabe allerdings besonders schwierig. Hatten sie sich doch nicht nur mit dem breiten Angebot an »heidnischen« Religionen und Kulten auseinander zu setzen, sondern zugleich mit den entscheidenden religiösen Wurzeln ihres eigenen Glaubens. Gemeinsam mit Israel glaubten sie an den Gott, der die Väter berufen und Israel erwählt hat, an den Gott, der sich durch die Worte der Propheten seinem Volk vielfach offenbart hat. Sie erkannten in ihm wie Israel den Schöpfer der Welt. Und auch sie erwarteten von seiner zukünftigen Erscheinung den endgültigen Erweis seiner Gerechtigkeit und Treue.

Anders aber als Israel lebten sie von der Erkenntnis, dass Gott sein Wirken zugunsten der Menschen mit dem Leben und Geschick Jesu Christi verbunden hat. Sie bekannten sein Kreuz und seine Auferstehung als Zielpunkt und Erfüllung der Verheißungen Gottes, und sie anerkannten Christus als den Herrn der Geschichte und damit auch ihres eigenen Lebens. Auf diese Weise aber waren sie sowohl mit Israel zutiefst verbunden als auch von ihm auf schmerzliche Weise getrennt! Dies gilt umso mehr, als fast alle Apostel und Verfasser der Schriften des Neuen Testaments selbst geborene Juden waren, die in Christus als dem Sohn Gottes die Erfüllung der Verheißungen an Israel sahen und in Gesetz und Propheten ihre eigene »Heilige Schrift«.

HATTE GOTT SICH VERÄNDERT?

Mit dieser Spannung ergaben sich für die frühen Christen enorme gedankliche wie persönliche Herausforderungen. Hatte Gott sich verändert, so dass er in Christus anders als in »Gesetz und Propheten« sprach und handelte? Hatte er Israel mit der Berufung der Gemeinde Jesu Christi nun etwa verworfen? Oder hielt Gott trotz der überwiegenden Ablehnung des Gekreuzigten durch Israel an seinem Volk fest? Gab es fortan etwa zwei getrennte Wege zur endgültigen Gottesgemeinschaft? Inwieweit sollten sie sich nach wie vor an den durch Mose übermittelten Weisungen Gottes orientieren? Und inwieweit hatten sich diese durch das Kommen des Gottessohnes und im Hinblick auf die Einbeziehung der Völker in Gottes Erwählung erübrigt?

Hinzu kamen noch all die Anfragen und Zweifel, die sich durch die eigene Lebenserfahrung für die unscheinbare, verfolgte und gering geschätzte Gemeinde des Herrn der Welt ergeben mussten. Warum ließen die Erscheinung des wiederkommenden Herrn und die endgültige Erlösung durch Gott so lange auf sich warten? Und warum mussten Christen trotz ihres Glaubens leiden und sterben, ja teilweise sogar gerade *wegen* ihres Glaubens an Christus? Man kann die Herausforderungen und Schwierigkeiten, die sich für die Christinnen und Christen des ersten Jahrhunderts ergaben, kaum überbewerten. Und man kann die Entschiedenheit und Eindeutigkeit, die sich – bei aller Differenziertheit – in den Zentralaussagen des neutestamentlichen Zeugnisses finden, gar nicht hoch genug wertschätzen.

CHRISTUS ALS KRITERIUM DER REDE VON GOTT

Das auffälligste Merkmal jeder neutestamentlichen Rede von Gott ist das konsequente Bezogensein auf das Bekenntnis zu Jesus Christus. Wie viele Herren und Mächte zwischen Himmel und Erde auch existieren mögen, von wem auch immer bekannt werden mag, dass er göttlichen Geist und ewiges Leben zu geben vermag, Christen erkennen nur *einen* Gott, den *Vater Jesu Christi*, als letzte

Autorität und verbindlichen Maßstab für ihr Leben an – und keinen anderen (1. Kor 8,6)!

Falls das Evangelium dem zu widersprechen scheint, was Israel als das Reden Gottes durch Mose und die Propheten erkannt hat, dann gilt als verbindliches Kriterium, was von Jesus Christus her zu sagen ist. Denn sosehr Gott schon zuvor zu Israel und durch Israel zur Welt gesprochen hat, *endgültig* und *letztverbindlich* hat er sich selbst in dem Kommen und Leben, in dem Leiden und Auferstehen seines Sohnes Jesus Christus offenbart (Hebr 1,1 ff). Wer sich an ihn hält, hat es mit Gott selbst zu tun; und wer sich um seinetwillen von seinen früheren Gottesbildern, Wertvorstellungen und Lebenszielen abwendet, findet bei ihm das wahre Leben.

Beachtenswert ist dabei nicht etwa nur die konsequente gedankliche Durchführung dieses Bekenntnisses zu Christus als dem Maßstab für jede Rede von Gott. Beeindruckender noch ist die Bereitschaft, sie gegenüber allen Leiderfahrungen und Anfechtungen, in der innergemeindlichen und äußeren Auseinandersetzung persönlich und existenzbestimmend durchzuhalten. Denn schon die ersten Christen erfahren ihre Wirklichkeit ja nicht ausschließlich als Heil, so dass sie gar nicht anders können, als an den Gott der Liebe und des Lebens zu glauben. Dass Gott existiert und ihnen in Liebe zugewandt ist, können sie in Eindeutigkeit nur aus dem Evangelium von Jesus Christus ableiten – häufig gerade gegen alle Anfechtung in der eigenen Situation. Sie halten sich an den Vater Jesu Christi – nicht selten gegen alle anderen Bilder von Gott und gegen ihre unmittelbare Erfahrung der Wirklichkeit. Sie wollen Gott nicht anders denken als von Christus her! Sie kennen keinen Gott außer in Christus!

Beeindruckend ist auch, dass sie mit ihrem Bekenntnis zu Christus eine Fülle von offenen Fragen auszuhalten bereit sind. Denn wie sich Gottes Reden zu Israel und sein Reden im Evangelium von Jesus Christus zueinander verhalten, ist doch in vielen Einzelfragen und manches Mal sogar zwischen Aposteln durchaus umstritten (Gal 2; Apg 11 und 15). Und dennoch ist die eine Mitte, an die sie sich in allem Ringen immer wieder neu erinnern, die Person des für sie Gekreuzigten und Auferstandenen. An ihm und seinem Reden wollen sie sich orientieren; und seiner Wahrheit wollen sie sich aussetzen.

Vorbildlich ist an dieser Christuszentriertheit gerade, dass sich ihr auch Apostel und Gemeinde unterstellen. Es gibt kein Amt, keine Lehre und keine Person, die sich nicht immer wieder neu an dieser Wahrheit des Evangeliums von Jesus Christus messen lassen müsste. Die Kirche besitzt nicht die Wahrheit – im besten Falle beherrscht die Wahrheit die Kirche! Nicht die Kirche steht als Erlösergestalt Israel oder der Welt gegenüber, sondern Jesus Christus allein und in Person wird im Gegenüber zur gesamten Schöpfung – und deshalb auch zur Kirche – als der *eine* Weg zu Gott und damit als die Wahrheit und das Leben bekannt (Joh 14, 6; vgl. Apg 4, 12).

Diese konsequente Orientierung an Christus ermöglicht den ersten Christen zugleich eine Offenheit in der Auseinandersetzung mit anderen weltanschaulichen und ethischen Überlieferungen. Wie sehr sie sich im Dialog befinden und selbst aus den Gesprächen mit anderen Traditionen profitieren, lässt sich im religionsgeschichtlichen Vergleich eindrücklich nachvollziehen. Das, was mit dem Evangelium im Einklang steht und der Intention des in Christus erwiesenen Gotteswillens entspricht, kann aufgenommen und gefördert werden. Das aber, was der in Christus erwiesenen Liebe

Gottes zu seiner Welt widerspricht und seinem Willen zu Gerechtigkeit und Leben zuwiderläuft, kann nur abgewiesen werden – selbst wenn es religiös und kulturell vertraut erscheint!

Sowenig der Gott eines fremden Kultes mit dem Vater Jesu Christi identifiziert werden kann, sosehr kann der »Altar des unbekannten Gottes« doch zum Anlass eines Dialogs mit Andersglaubenden werden (Apg 17, 22 ff). Sosehr die Ablehnung des Christusbekenntnisses durch Israel für die christliche Gemeinde eine besonders schmerzhafte Enttäuschung bedeutet, sowenig kommt auch nur *ein* Verfasser der neutestamentlichen Schriften auf den Gedanken, es könne sich bei dem Vater Jesu Christi etwa nicht um den biblischen Schöpfer und Gott der Väter Israels handeln. Gerade Paulus – der erklärte Apostel der Heidenvölker – weiß seiner Gemeinde mit Gewissheit mitzuteilen, dass Gott am Ende auf geheimnisvolle Weise in derselben Treue und Gnade, von der die Kirche lebt, auch Israel an der durch seinen Sohn begründeten Auferstehung teilhaben lassen wird (Röm 11, 11.15. 25 ff).

Bei alledem wird freilich zugleich deutlich, dass die Verfasser der neutestamentlichen Schriften so von Jesus Christus reden, wie man es in Hinsicht auf einen Menschen wohl kaum nachvollziehen kann. Eine solche Bedeutung und Verbindlichkeit wird man keinem Lehrer, Propheten, Apostel oder

Religionsstifter zubilligen wollen. Und in der Tat ist die Bedeutung Jesu Christi auch – und gerade – für Israel und seine Traditionen nur schwer verständlich. Das, was Judenchristen von ihrem Christus mit Hilfe alttestamentlicher Traditionen aussagen und bekennen, übersteigt zugleich alle jüdischen Erwartungen an einen königlichen Messias oder Propheten. Wenn sie von Jesus Christus als dem Sohn Gottes sprechen, meinen sie ungleich mehr, als es Israel in Hinblick auf erwählte Menschen tun würde.

Und in der Tat steht und fällt diese ganze auf Christus bezogene Rede von Gott mit der Voraussetzung, dass in Jesus von Nazareth nicht nur ein Mensch gekommen ist – wie manche andere besonders prägende Persönlichkeiten der Geschichte –, sondern auf eine geheimnisvolle und vielleicht auch rätselhafte Weise Gott selbst sich gezeigt und offenbart hat. Denn alles an *einer* Person zu orientieren und von ihr abhängig zu machen ist ausschließlich dann gedanklich – und existenziell! – nachvollziehbar, wenn es sich dabei um das Leben und die Wahrheit selbst handelt – und damit um Gott, wie er eigentlich ist!

DIE WIRKLICHKEIT DER AUFERSTEHUNG JESU[21]

Nach der Darstellung des Lukasevangeliums werden die nach Jerusalem zurückkehrenden Emmausjünger von den versammelten übrigen Jüngern mit der Botschaft empfangen: »Der Herr ist wahrhaftig auferstanden und Simon erschienen!« In diesem alten Osterjubelruf, dessen Formulierung Lukas aus der Tradition übernommen hat, kommt zum Ausdruck, was nach dem übereinstimmenden Zeugnis der Evangelien und der anderen Schriften des Neuen Testaments Grundlage und Voraussetzung des christlichen Glaubens ist: 1.) Jesus Christus der Gekreuzigte ist nicht bei den Toten geblieben, sondern er ist auferstanden! – 2.) Als der Auferstandene ist er seinen Jüngern – hier namentlich Simon – erschienen und hat ihren Unglauben und ihre Zweifel überwunden. Er selbst als der Auferstandene hat ihnen bei seinem Erscheinen die Augen geöffnet, so dass sie ihn erkannten und infolge dieser Erkenntnis sowohl seinen Kreuzestod als auch seine frühere Verkündigung in einem völlig neuen Licht sehen konnten[22].

Das Bekenntnis zur Auferstehung Jesu ist *historisch* so umstritten, wie es *theologisch* bedeutsam ist. Dass Gott den gekreuzigten und gestorbenen Jesus am dritten Tag auferweckt hat, ist nach aller menschlichen Erfahrung eine »unglaubliche« Aussage. »Unglaublich« ist sie deshalb, weil sie als ganz »unerhört« und völlig »unwahrscheinlich« erscheint. Es widerspricht ja allem, was man je gehört und erfahren hat, dass jemand, der gestorben und bereits begraben ist, aus seinem Grab heraus in ein *neues* Leben aufersteht – also nicht etwa nur als ein Scheintoter wieder aufsteht oder auch, wie von Lazarus (Joh 11) oder der Tochter des Jairus (Mk 5) berichtet, in seinen alten Leib und sein irdisches Leben zurück auferweckt wird. Denn dies ist ja *nicht* das neutestamentliche Zeugnis, dass Jesus lediglich wiederbelebt wurde und in seine alte Leiblichkeit zurückkehrte. Umso »unglaublicher« ist die Aussage, dass Gott den gekreuzigten und begrabenen Jesus am dritten Tag in ein neues Leben auferweckt haben soll. Dafür gibt es in der bisherigen Geschichte der Menschheit weder beweiskräftige Analogien noch plausible innerweltliche Erklärungen.

»Unglaublich« ist die im Neuen Testament bezeugte Auferstehung des Gekreuzigten aber auch in einer ganz anderen Hinsicht – nämlich insofern, als sie für die Geschichte der Menschheit und das Verständnis von Gott »sehr bedeutsame«, »sehr große« Folgen hat. Wenn es stimmen sollte, dass der gekreuzigte und gestorbene Jesus von Gott auferweckt worden ist, dann erscheint sein Kreuz nicht länger als die Widerlegung seines gesamten Lebenswerkes, dann stellt sein schmachvolles Sterben in der Tat nicht die Falsifikation seines viele provozierenden Autoritätsanspruchs dar. Vielmehr erweisen sich das Leben, das Wirken und die Verkündigung Jesu im Licht seiner Auferweckung durch den himmlischen Vater als triumphal bestätigt. Das, was Jesus während seines irdischen Wirkens seinen Jüngern als zukünftig verkündigt hat, ist mit seiner eigenen Auferstehung und in ihm, dem Auferstandenen, bereits real in Erscheinung getreten: die Verwirklichung der verheißenen endzeitlichen Gottesgemeinschaft und die uneingeschränkte Teilhabe an der Königsherrschaft Gottes.

Dass auch den ersten Jüngern die Auferstehung Jesu als »unerhört« und »unwahrscheinlich« erschien, bringt Lukas auf die eindrückliche Formel: »Da sie aber noch nicht glauben konnten vor lauter Freude und sich wunderten …« (Lk 24,41). Als sie den Auferstandenen sahen, konnten sie es nicht glauben, weil sie sich »unglaublich freuten« – gewiss die sympathischste Form des Auferstehungszweifels! Die Auferstehungsbotschaft setzt den menschlichen Zweifel voraus: »Das ist zu schön, um wahr zu sein!« Und sie hält an ihrem unerhörten Zeugnis umso nachdrücklicher fest: »Dies ist zu wahr, um nicht als schön – d.h. überwältigend und befreiend – erkannt zu werden!« Die Frage, ob die Überlieferung von der Auferstehung Jesu glaubwürdig und glaubhaft ist, stellt sich also nicht erst für den so genannten »modernen«, »aufgeklärten«, »kritisch denkenden« Menschen, sondern – wie es alle Evangelien widerspiegeln – bereits für die Zeitgenossen Jesu unter Einschluss seiner engsten Umgebung. Die stereotype Kontrastierung von wundergläubigem, naivem antikem Denken und aufgeklärtem, kritischem neuzeitlichem Bewusstsein erweist sich auch in diesem Zusammenhang als viel zu vordergründig – und darin allemal als zu »unkritisch«.

Nach der Darstellung des Lukas (Lk 24,11) reagieren die Jünger Jesu auf die Nachricht der Frauen, die vom leeren Grab zurückkommen, mit äußerster Skepsis: »Und es erschienen ihnen diese Worte wie leeres Gerede, Geschwätz«. Selbst bei der Erscheinung des Auferstandenen vor den versammelten Jüngern sollen diese nach Lukas zunächst mit »Angst und Schrecken« reagiert haben und keineswegs von der »leibhaftigen« Auferstehung ihres Herrn ausgegangen sein (Lk 24,37). Auch nach Matthäus zweifeln einige der Jünger, vor denen der Auferstandene auf dem Berg in Galiläa erscheint, selbst dann noch, als sie ihn bereits sehen, so dass erst das Wort des Auferstandenen ihren Unglauben überwindet (Mt 28,16). In personalisierender Zuspitzung berichtet schließlich auch das Johannesevangelium vom – sprichwörtlich gewordenen – »Unglauben« des Thomas, der die Botschaft von der Auferstehung Jesu nicht akzeptieren will, ohne den Herrn selbst gesehen und ihn berührt zu haben (Joh 20,25).

Sosehr das Phänomen des Zweifels und des Unglaubens gegenüber der Auferstehungsbotschaft von Anfang an thematisiert werden musste, sosehr stellt sich die Frage nach der Wahrheit und Wirklichkeit der Osterbotschaft doch seit dem Umbruch der Aufklärung und seit der weitgehenden Säkularisierung unserer Gesellschaften in einer noch radikaleren und umfassenderen Weise. Wo die Rede von der Existenz Gottes in Frage steht und als theistisches Relikt verdächtig ist, wird das neutestamentliche Zeugnis von der Auferstehung Jesu sicherlich nicht als plausibler erscheinen. Welchen Sinn macht es, an dem Bekenntnis von der leibhaftigen Auferweckung Jesu festzuhalten, wenn man zuvor bereits den Glauben an die personale Existenz Gottes aufgegeben hat? Will man – zugespitzt formuliert – im Ernst sagen: »Gott ist tot – aber er hat Jesus auferweckt«?

Da diese grundlegende Kritik der Neuzeit längst auch die Diskussion in der Theologischen Wissenschaft und in den Kirchen bestimmt, sehen sich die Gemeinden immer wieder in Wellen mit provozierenden Thesen zur Auferstehung Jesu konfrontiert. Als herausfordernd und anstößig wird dabei vor allem empfunden, dass die Infragestellung der vertrauten kirchlichen Überzeugung nicht etwa von »Außenstehenden«, sondern ausgerechnet von Vertretern theologischer Fakultäten betrieben wird.[23] So löste in den 40er-Jahren des letzten Jahrhunderts das Entmythologisierungsprogramm Rudolf Bultmanns[24] große Auseinandersetzungen aus und in den 60er-Jahren das Auferstehungsbuch von Willi Marxsen[25]. In den 90er-Jahren wurde die Auferstehungsdebatte vor allem durch die Veröffentlichungen von Gerd Lüdemann – speziell sein einschlägiges Buch: »Die Auferstehung Jesu. Historie, Erfahrungen, Theologie«[26] – neu angestoßen. Dabei waren sicherlich weniger die historisch-kritischen Thesen Lüdemanns an sich ausschlaggebend als vielmehr die sehr direkte und bewusst unverblümte Art der Darstellung – z. B. der Rede vom »vollen Grab« und der »Verwesung« des Leichnams Jesu.

So stellt sich – wenn schon in neutestamentlicher Zeit, wie viel mehr in der heutigen Diskussion – die drängende Frage: Was meint in dem alten Osterbekenntnis »Der Herr ist *wahrhaftig* auferstanden!« dieses verstärkende Adverb »wahrhaftig«, »wirklich«, mit dem offenbar die Zuverlässigkeit der Aussage und die Gewissheit der Zeugen unterstrichen werden sollen? Die Schwierigkeiten in der Diskussion um die Auferstehung beginnen – wie es meistens der Fall ist – bereits bei der Verwendung der Begriffe. Was heißt hier »wirklich auferstanden«? Wir kennen alle – ob in der aktiven Rolle oder in der Rolle des »Leidenden« – die klassische Frage eines Kirchengemeinderats an die neuen Vikare oder Pfarramtsbewerber: »Glauben Sie, dass Jesus auferstanden ist?« Da ahnen die Vikarinnen und Vikare, nachdem sie sich über zehn Semester lang in Differenzierungen und Problematisierungen eingeübt haben, dass hier jetzt eine klare und entschiedene Antwort und kein Ausweichen erwartet wird. Und die Aufgabe wird dadurch nicht erleichtert, dass der Fragende während der Schrecksekunde der Betroffenen noch zu präzisieren sucht: »Ist die Auferstehung Jesu historisch?«

Was meinen wir, wenn wir im Zusammenhang mit der Auferstehung Jesu von »historisch« reden?

Möglicherweise wollen wir mit dem Begriff »historisch« kennzeichnen, dass ein Geschehen wirklich, d. h. zu einem bestimmten Zeitpunkt der Geschichte und an einem konkreten Ort – also in diesem Fall um das Jahr 30 n. Chr. bei Jerusalem – stattgefunden hat. In diesem Sinne verstehen offensichtlich Lukas und die anderen neutestamentlichen Zeugen ihre Auferstehungsbotschaft als »historisch« zutreffend. Mit dem Zusatz »historisch« kann aber auch verbunden werden – und dies ist in der wissenschaftlichen Diskussion des letzten Jahrhunderts vorherrschend geworden –, dass ein Ereignis nach den Maßstäben der klassischen »Historischen Kritik« als »wahr« bzw. als »historisch wahrscheinlich« und »plausibel« erwiesen werden kann. Und dies ist keineswegs dasselbe! Ob die Auferstehung Jesu sich *wirklich* ereignet hat oder ob die Auferstehung Jesu als ein mit Hilfe der »Historischen Kritik« *verifizierbares* bzw. *plausibilisierbares* Geschehen erfassbar ist, macht nur dann keinen Unterschied, wenn man das Wirklichkeitsverständnis im Sinne einer *positivistischen* Weltsicht von vornherein einschränkt. Wenn grundsätzlich nur das als »wahr« und »historisch« anerkannt werden soll, was sich in Entsprechung und in Beziehung zu anderen historischen Ereignissen und Erfahrungen »wahrscheinlich machen« lässt – was also gegenüber den Prinzipien der grundsätzlichen Kritik, der Analogie und der Kausalität bzw. der Korrelation bestehen kann – dann in der Tat lässt sich das Zeugnis von der leibhaftigen Auferstehung Jesu »historisch« nicht fassen. Denn die Auferstehungsbotschaft der ersten Zeugen will weder Selbstverständliches übermitteln noch allgemein Einsichtiges und dem Menschen beliebig Verfügbares wiederholen. Die Erkenntnis der Auferstehung Jesu wird im Neuen Testament vielmehr durchgängig mit der Widerfahrnis göttlicher Offenbarung und dem Hinweis auf die Erscheinungen des Auferstandenen begründet (s. neben den Evangelien 1. Kor 15,3–8; Gal 1,11 f.15 f; vgl. 1. Kor 1,18–2,16). So kann man die Auferstehung Jesu sehr wohl für *historisch* – d.h. wirklich und leibhaftig geschehen – ansehen, ohne sie damit für *historisch beweisbar* zu halten. Wenn aber unter dem Gegenteil von »historisch« einerseits »*un*historisch« verstanden werden kann und andererseits »historisch *nicht verifizierbar*«, dann lässt sich die Frage nach der »Historizität« der Auferstehung Jesu nicht mit einem einfachen »Ja« oder »Nein« beantworten.

Um die Ausweglosigkeit einer Untersuchung des »Unvergleichlichen« mit den Mitteln einer nach Entsprechungen und Ableitungen urteilenden »Historischen Kritik« zu umgehen und um die Mehrdeutigkeit des Begriffs »historisch« zu vermeiden, hat sich weithin in der Auferstehungsdebatte eine Unterscheidung der Begriffe »historisch« und »geschichtlich« durchgesetzt. Rein sprachlich gesehen haben beide Begriffe natürlich die gleiche Grundbedeutung (Denotation), sie haben aber im Lauf der Zeit verschiedene Nebenbedeutungen (Konnotationen) gewonnen. So kann davon gesprochen werden, dass die Auferstehung Jesu zwar nicht als *historisches*, wohl aber als *geschichtliches* Ereignis zu begreifen sei. Doch wird auch diese Aussage wieder ganz verschieden verstanden. »Nicht historisch, wohl aber *geschichtlich* …« kann im oben ausgeführten Sinne meinen, dass sich das Geschehen der Auferstehung Jesu zwar dem Zugriff der »Historischen Kritik« entzieht, gleichwohl aber als ein wirkliches Ereignis um das Jahr 30 n. Chr. bei Jerusalem verstanden wird. »Geschichtlich« kann aber in Abgrenzung zu »historisch« auch die Bedeutung annehmen, dass das Auferstehungsgeschehen nicht im Sinne des neutestamentlichen Zeugnisses als historisch wahr und wirklich verstanden werden soll, sondern lediglich als »wirklich« im Sinne seiner *geschichtlichen Wirksamkeit*, d. h. seiner *Wirkungsgeschichte*. Insofern die Kunde vom leeren Grab und von den Erscheinungen des Auferstandenen bei den ersten Christen den Glauben an die Auferstehung Jesu und damit die Hoffnung auf das neue Leben geweckt und begründet haben, ist die Auferstehungsbotschaft ja offensichtlich geschichtlich wirksam geworden. In Hinsicht auf dieses neue Verständnis des Wirkens und Sterbens Jesu und im Hinblick auf das neue Selbstverständnis der ersten Zeuginnen und Zeugen Jesu kann man von einer *geschichtlichen* Wahrheit und Wirklichkeit ausgehen, selbst wenn man das neutestamentliche Zeugnis von der leibhaftigen Auferstehung Jesu aus dem Grab heraus für *unhistorisch* hält. So würden auch R. Bultmann und W. Marxsen nicht bestreiten, dass Jesus der Gekreuzigte und Begrabene »geschichtlich« auferstanden ist – aber eben nur in der Gestalt, dass er im Auferstehungszeugnis und im Glauben der Christen lebt, dass er »ins Kerygma« und »in den Glauben« der Seinen auferstanden ist. Und dieses Auferstehungszeugnis und der neue Glaube der ersten Jüngerinnen und Jünger lassen sich dann in der Tat auch nach den Prinzipien der traditionellen Historischen Kritik als historische Phänomene begreifen.

Dass in den Auferstehungsdebatten außerhalb der theologischen Fakultäten der Streit um das »leere« – oder bei G. Lüdemann ausdrücklich um das »volle«[27] – Grab eine solch entscheidende Rolle spielt, mag unter anderem daran liegen, dass viele Gemeindeglieder bei all diesen verwirrenden Begriffsunterscheidungen sehr wohl wahrnehmen:

Nach der Darstellung und dem Verständnis des neutestamentlichen Zeugnisses lassen sich die *Wirklichkeit* und die *Bedeutsamkeit* der Auferstehung Jesu, lassen sich eine *historische* und eine *geschichtliche* Wahrheit des Auferstehungsbekenntnisses nicht gegeneinander ausspielen. Sosehr die Osterbotschaft auf den Glauben an den Auferstandenen abzielt, sowenig ist die Wirklichkeit der Auferstehung auf den Glauben beschränkt. Die Osterzeugen glaubten an die Auferstehung, weil Jesus auferstanden war und ihnen erschienen ist, und nicht umgekehrt! Für die Auferstehungszeugen selbst war ihr gekreuzigter, gestorbener und begrabener Herr nicht nur insoweit auferstanden, als sie selbst daran glaubten. Sie verstanden die Wirklichkeit der Auferstehung Jesu Christi als Voraussetzung und Grundlage ihrer Hoffnung und nicht nur als Ergebnis und Folge ihres eigenen Glaubens.

ANBRUCH DER NEUEN SCHÖPFUNG

Nun kann man sich allerdings fragen, ob mit der Konzentration auf die »historische Frage« das Wesentliche der neutestamentlichen Auferstehungsbotschaft überhaupt in den Blick kommt. Denn einerseits gehen die ersten Zeugen keineswegs davon aus, dass sich die Auferstehung Jesu durch vermeintliche Faktenbeweise oder durch Argumente menschlicher Vernunft leichter glauben oder »begreifen« lässt; und andererseits beschreiben sie das Ereignis der Auferweckung durch Gott überhaupt nicht als ein der alten Schöpfung und der bisherigen menschlichen Geschichte zuzuordnendes Faktum, das aus der Analogie zu anderen historischen Phänomenen hinreichend erklärt werden könnte. Das Auferstehungsgeschehen wird vielmehr als die Eröffnung der Neuen Schöpfung und als der Anfang der kommenden Geschichte Gottes mit seinen Menschen verstanden. Wenn wir diese Perspektive traditionellerweise »endzeitlich« oder »eschatologisch« nennen, können wir dabei das Entscheidende noch übersehen. Die Auferstehung Jesu gehört nämlich nicht zum *Abschluss* der Alten Weltzeit und zum *Ende* der bisherigen menschlichen Geschichte – dies kommt im Zusammenhang des Kreuzesgeschehens zur Sprache! Sie bedeutet vielmehr selbst schon den *Anbruch* der neuen Geschichte und die *Eröffnung* des künftigen, ewigen Lebens vor und mit Gott. Damit wird die Auferweckung Jesu durch seinen Vater auch nicht nur als »Vorwegnahme« und »Antizipation« der *allgemeinen* Auferstehung am Ende der Tage als dem eigentlichen »endzeitlichen« Ereignis verstanden. Die gegenwärtige Teilhabe der Gläubigen an der neuen Lebenswirklichkeit Christi und die Hoffnung auf die kommende leibhaftige Auferstehung aller Gläubigen ergeben sich als *Konsequenz* und *Entfaltung* des einen, alles entscheidenden Christusgeschehens. In Christus – d.h. durch die Stellvertretung und in der Gemeinschaft des für sie Gekreuzigten und Auferstandenen – haben die Christen schon gegenwärtig teil an der Neuen Schöpfung (2. Kor 5,17).

Als historisches bzw. geschichtliches Ereignis will das Auferstehungsgeschehen also nur insofern verstanden werden, als es aus der kommenden Welt in diese gegenwärtige Welt hineinragt und somit den Anbruch der Neuen Schöpfung Gottes und den Beginn der kommenden Geschichte Gottes mit seinen Menschen darstellt. Die Auferstehung Jesu wird allerdings nach den neutestamentlichen Zeugnissen nicht als eine Wirklichkeit verstanden, die sich mit den Mitteln, Erfahrungen und Verhältnissen der bisherigen menschlichen Geschichte bereits hinreichend erfassen und beschreiben ließe. Diese *Nahtstelle* zwischen alter und neuer Welt, zwischen bisheriger und neuer Schöpfung und zwischen menschlicher Geschichte und göttlicher Offenbarung wird in den Evangelien durch die Tradition von der Auffindung des *leeren Grabes* am Ostermorgen bezeichnet. Den verzweifelten Frauen wird unter Hinweis auf das leere Grab eröffnet, dass sie Jesus den Gekreuzigten hier vergebens suchen, da er auferstanden ist (Mk 16, 1ff par). Als von den Toten Auferstandener ist Jesus weder in dem Grab geblieben, in das sie ihn gelegt hatten, noch auch in seine alte Leiblichkeit zurückgekehrt, so dass die Frauen ihn noch in der Umgebung Jerusalems – d. h. in Zeit, Raum und Materie – finden könnten. Das leere Grab verdeutlicht, dass die Neue Schöpfung Gottes sehr wohl die bisherige Schöpfung aufnimmt und das Sterbliche verwandelt; sie wirkt in Zeit, Raum und Geschichte hinein. Zugleich aber steht das leere Grab auch dafür, dass die Auferstehungswirklichkeit dem nach geschichtlichen Entsprechungen und Erklärungen Urteilenden entzogen bleibt, weil sie nicht Bestandteil und Möglichkeit der bisherigen menschlichen Geschichte ist. Sie ist ein eschatologisches Ereignis. Weiter als zu dem »historischen Rand« des Geheimnisses der Auferstehung können wir in Anbetracht des leeren Grabes mit Mitteln historischer Forschung nicht kommen – aber so weit immerhin!

DIE ÄLTESTEN QUELLEN

Wenden wir uns den Quellen für das Zeugnis von der Auferstehung Jesu zu, dann machen wir eine doppelte Beobachtung: Einerseits fällt auf, dass es innerhalb des Neuen Testaments kein Verfasser unternimmt, das Auferstehungsereignis an sich beschreiben zu wollen – es wird die *Tatsache* der Auferstehung Jesu betont, und es werden die Ereignisse am *leeren Grab* und die verschiedenen *Erscheinungen des Auferstandenen* vor den Frauen und vor den Aposteln dargestellt, nicht aber die von keinem menschlichen Auge wahrgenommene Auferweckung Jesu selbst. Andererseits ist zu beachten, dass wir hinsichtlich der Vielfalt und des Alters des Auferstehungszeugnisses über eine für antike Verhältnisse außerordentlich günstige Quellenlage verfügen. Dabei sind uns nicht nur die breit ausgeführten Berichte in den vier Evangelien und der Apostelgeschichte erhalten, die mit dem Markusevangelium als dem ältesten Evangelium in die 60er-Jahre des 1. Jahrhunderts n. Chr. zurückreichen, sondern darüber hinaus in der Briefliteratur auch eine Fülle von formelhaften Wendungen, in denen die Auferstehung Jesu und seine Selbstbezeugung vor den Aposteln bekenntnishaft festgehalten werden. Eine dieser alten Formeln haben wir zu Beginn aus Lukas 24, 34 zitiert: »Der Herr ist wahrhaftig auferstanden und dem Simon erschienen!«

Für die wissenschaftliche Untersuchung sind aber vor allem die einschlägigen Belege aus den unangefochten echten Paulusbriefen von besonderem Interesse. Denn erstens haben wir es bei Paulus historisch unbestritten mit einem neutestamentlichen Verfasser zu tun, der für sich selbst beansprucht, den Auferstandenen persönlich gesehen zu haben und durch ihn selbst zum Apostel berufen worden zu sein. Seine Briefe sind authentische literarische Quellen eines der »Augenzeugen« des Auferstandenen (1. Kor 9, 1; 15, 8; Gal 1, 11f.15 f; Phil 3, 8), während bei allen anderen Aposteln zugeschriebenen Schriften des Neuen Testaments die Echtheit der traditionellen Verfasserangabe wissenschaftlich umstritten ist (dies gilt sowohl für die Matthäus und Johannes zugeordneten Evangelien wie auch für die Jakobus, Petrus und Johannes zugeschriebenen Briefe). Und zweitens kommen wir durch das anerkannt hohe Alter der Paulusbriefe mit den Bezeugungen chronologisch noch wesentlich näher an die Ereignisse in den 30er Jahren heran. So kann Paulus in dem um 50 n. Chr. verfassten ersten Brief an die Thessalonicher auf eine der Gemeinde offensichtlich vertraute Missionsformel Bezug nehmen, in der Christus als der »Sohn Gottes« bekannt wird, »den er [Gott] auferweckt hat von den Toten« (1. Thess 1, 9 f).

Von großer Bedeutung ist auch die von Paulus ausdrücklich als traditionelle Überlieferung gekennzeichnete viergliedrige Formel in 1. Korinther 15, 3 - 8, in der bekannt wird, »dass Christus gestorben ist für unsere Sünden nach der Schrift und dass er begraben worden ist und dass er auferstanden ist am dritten Tage nach der Schrift und dass er erschienen ist dem Kephas, dann den Zwölfen; danach ist er mehr als fünfhundert Brüdern auf einmal erschienen ...« Paulus ergänzt zur Betonung der Verlässlichkeit und der Nachprüfbarkeit: »die meisten von ihnen leben jetzt noch, einige aber sind entschlafen«, und schließt vor dem ausdrücklichen Hinweis auf die ihm widerfahrene Erscheinung die traditionelle Liste der Zeugen mit der Wendung ab: »Danach ist er dem Jakobus erschienen, dann allen Aposteln.« Ob man diese Formel mit vielen Exegeten auf eine alte Jerusalemer Tradition in ursprünglich aramäischer Sprachgestalt zurückführt oder sie in ihrer vorliegenden Fassung in der frühen Gemeinde in Antiochien verorten will, so bietet sie in jedem Fall einen kunstvollen Beleg für die frühe und ausgesprochen breite Bezeugung der Wirklichkeit der Auferstehungserscheinungen und der Gewissheit des Auferstehungsereignisses.

Gleichwohl ist der *älteste Kern* der Auferstehungsüberlieferung in den – vor allem von Paulus, dann aber auch in späteren Briefen und der Apostelgeschichte aufgenommenen – *kurzen, eingliedrigen* formelhaften Wendungen zu erkennen, die wir – je nach grammatischem Subjekt des Satzes – in »*Auferweckungs*formeln« und »*Auferstehungs*-

formeln« unterteilen[28]. Die *Auferweckungs*formeln enthalten die Grundaussage: »*Gott* hat Jesus von den Toten auferweckt« (z.B. Röm 10,9; 1. Kor 6,14; 1. Kor 15,15; vgl. Röm 4,24; 1. Thess 1, 10), während die *Auferstehungs*aussagen bekennen: »*Christus* ist von den Toten auferstanden« (z.B. Röm 4,25; 6,4.9; 7,4; 1. Kor 15,4).

Mit den beiden unterschiedlichen Reihen geprägter Wendungen wird das *eine* Geschehen der Auferweckung Jesu Christi durch Gott, den Vater, aus verschiedener Perspektive in den Blick genommen. Bei der *Auferweckungs*formel wird vor allem eine Aussage über *Gott* gemacht: »Gott ist der, der Christus auferweckt hat«, während die *Auferstehungs*formel als *Christus*bekenntnis zu begreifen ist: »Christus ist der, der wahrhaftig auferstanden ist und lebt!« Die *Auferweckungs*aussage antwortet auf die Fragen: »Wer und wie ist Gott? Wie ist sein Verhältnis zu Jesus, dem Gekreuzigten, zu verstehen? Und wie verhält er sich zu seiner Schöpfung?« Demgegenüber antwortet die *Auferstehungs*aussage auf die Fragen: »Wer ist Jesus Christus, und wie ist Jesus Christus? Wie ist sein Verhältnis zu Gott, dem Vater, zu bestimmen, und wie und in welcher Vollmacht verhält er sich gegenüber der Welt?« Dabei versteht es sich für die ersten Christen in ihrem alttestamentlich-jüdisch geprägten Glauben von selbst, dass die beiden

Aussageweisen des einen Geschehens wohl einen Wechsel des Blickwinkels, nicht aber einen Unterschied im Verständnis des Auferweckungsgeschehens an sich bedeuten. Allein Gott, der Schöpfer und Vater Jesu Christi, hat von sich aus die Macht, »die Toten lebendig zu machen und das Nicht-Seiende ins Sein zu rufen« (Röm 4,17).

Beide Aussagereihen können wohl gemeinsam als die älteste *literarisch* greifbare Stufe der Osterbotschaft gelten, auf die die zwei- und mehrgliedrigen Formeln bis hin zu dem zitierten viergliedrigen Bekenntnis in 1. Korinther 15,3 ff dann aufbauen. So werden die Auferstehungsaussagen einerseits mit dem Hinweis auf das *Sterben Jesu* verbunden (z.B. Röm 4,25: »... welcher dahingegeben wurde um unserer Übertretungen willen und auferstanden ist um unserer Rechtfertigung willen«; vgl. Röm 6,10; 8,34; 14,9; 2. Kor 5,15; 13,4), andererseits wie in unserem Eröffnungszitat Lk 24,34 mit dem Hinweis auf die *Erscheinung* des Auferstandenen (vgl. 1. Kor 15,5 ff). Da die formelhaften Wendungen somit das »Urgestein« des Auferstehungsbekenntnisses bilden, sind sie als Glaubenszeugnisse der beiden ersten Jahrzehnte zusammen mit den Briefen des um das Jahr 32 n.Chr. berufenen Apostels Paulus (Gal 1,15 f.18; 2,1) für die neutestamentliche Theologie von ganz elementarer Bedeutung.

Was ihr Gewicht für die Klärung der historischen Frage der Auferstehungsereignisse angeht, bleibt es freilich bei den zu Beginn skizzierten Differenzierungen hinsichtlich der »historischen« und der »geschichtlichen« Wahrheit. Für den, der die leibhaftige Auferweckung des Gekreuzigten in ein neues Leben nach seinem Wirklichkeits- und Wissenschaftsverständnis »historisch« prinzipiell ausschließt, können eine frühe Datierung der Zeugnisse oder die Aufzählung der zahlreichen Zeugen – neben dem Zwölferkreis der Herrenbruder Jakobus, Paulus, der gesamte Kreis der Apostel, ja fünfhundert Zeugen auf einmal (1. Kor 15,3–8) – sicherlich keine grundsätzlich andere »Beweislage« schaffen. Bei Bestreiten der Möglichkeit eines eschatologischen Wirkens und Eingreifens des Gottes, den Jesus als seinen Vater angerufen hat, – bei Bestreiten dieser Offenbarungswirklichkeit ließe sich das Phänomen des Osterglaubens sicherlich eher mit dem Umschlag der großen Trauer und Verzweiflung in den Mut der Verzweiflung im Kreis der ersten Jünger erklären. Denn für die suggestive Kraft einzelner prägender Persönlichkeiten – wie Petrus und Paulus es ja unbestritten gewesen sind – und für die Begeisterungsfähigkeit auch großer Menschenmassen lassen sich historisch selbstverständlich mehr Parallelen benennen als für die Auferweckung eines bereits begrabenen Gekreuzigten in eine neue Auferstehungswirklichkeit.

Andererseits wird über die grundsätzliche Problematik eines »historischen Beweises« für die Auferstehung Jesu zu schnell vergessen, dass die ersten Zeugen nicht nur von einer rein symbolischen Bedeutsamkeit und einer lediglich übertragen gemeinten Wahrheit der Auferstehung sprachen, sondern von einem konkreten, leibhaftigen Geschehen an dem infolge seiner Kreuzigung verstorbenen Jesus von Nazareth. Jesus, der Christus, war für sie nicht nur eine *Chiffre* für Hoffnung und Zuversicht, sondern eine *Person*, der sie als Jünger von Galiläa her nachgefolgt sind und die nicht im Tod geblieben, sondern auferstanden und ihnen persönlich erschienen ist. Diese Auferstehung des Gekreuzigten geschah an einem konkreten geographischen Ort – nämlich Jerusalem –, und sie ereignete sich zu einem bestimmten, noch keine Generation zurückliegenden historischen Zeitpunkt – nämlich um das Jahr 30 n. Chr. Für die Gemeinden zur Zeit des paulinischen Wirkens (ca. 32-64 n. Chr.) war die Rückfrage bei den noch lebenden Jüngern Jesu und die Vergewisserung bei denen, die sich wie Paulus selbst auf eine Erscheinung des Auferstandenen beriefen, ohne große Schwierigkeiten möglich.

Neben den Auferweckungs- bzw. Auferstehungsformeln und dem literarischen Zeugnis des Paulus findet sich im Neuen Testament als dritter Überlieferungskomplex die breite Tradition der Auffindung des leeren Grabes am Ostermorgen. Dass das älteste literarische Zeugnis – nämlich das Markusevangelium (16, 1 - 8) – »erst« aus den 60er-Jahren datiert, spricht selbstverständlich nicht gegen ein möglicherweise sehr hohes Alter der zuvor mündlich – vielleicht auch schon in einer vormarkinischen Passionsgeschichte schriftlich – tradierten Überlieferung vom leeren Grab. Dieser Grundsatz gilt ja generell für das gesamte in den synoptischen Evangelien – aber auch weithin im Johannesevangelium – überlieferte Traditionsgut, das jeweils genau auf mögliche redaktionelle und traditionelle Schichten hin zu befragen ist. Eine Fülle von Indizien sprechen für die historische Wahrscheinlichkeit der Nachricht, dass Jesus am Freitagabend von einem Joseph von Arimathia in einem Felsengrab beerdigt wurde und dass das Grab Jesu dann am folgenden Sonntag von Maria von Magdala in Begleitung anderer Frauen bei einem Grabbesuch geöffnet und leer vorgefunden wurde[29].

Ob man den frühen gegnerischen Vorwurf des Grabraubes durch die Jünger bedenkt (Mt 27, 62–

28, 15) oder die Möglichkeit der Nachprüfbarkeit durch Öffnung des Grabes Jesu in Jerusalem, ob man den für die Antike ungewöhnlichen Sachverhalt berücksichtigt, dass ausgerechnet Frauen als Zeuginnen benannt werden, oder die Variationsbreite und Vielstimmigkeit der Grabesüberlieferung (vgl. Mt 28, 1 ff; Lk 24, 1 ff und Joh 20, 1 – 18), es überwiegen m. E. die Argumente *für* die Historizität des leeren Grabes – und zwar nach den Plausibilitäten historisch-kritischer Forschung und ganz unabhängig von der Frage der Auferstehung Jesu. Zudem ist nach der Logik historischer Überlieferung der Vorrang der Frauen – nämlich der Maria von Magdala und einzelner anderer Nachfolgerinnen Jesu, deren Namen in der Überlieferung variieren – jedenfalls festzuhalten[30]: Ein Zurücktreten der durch Frauen bestimmten Traditionen zugunsten der mit tragenden Autoritäten der Urgemeinde verbundenen Überlieferungen (wie auch in 1. Kor 15, 5 ff) erscheint historisch plausibler als der umgekehrte Fall. Der bei Lukas (24, 12) und Johannes überlieferte Grabgang des Simon Petrus (Joh 20, 1 – 10 zusammen mit dem »Lieblingsjünger«) wird interessanterweise auch in den Quellen dem der Frauen jeweils nachgeordnet.

Freilich gilt auch hier wieder: Mit der Anerkennung eines hohen Alters und dem Zugeständnis einer guten Bezeugung der Überlieferung vom leeren Grab ist für den historischen Streit um die Auferstehung Jesu selbst an sich noch nichts gewonnen. Selbstverständlich wird für denjenigen, der das Wunder des eschatologischen Eingreifens Gottes in Zeit und Geschichte, der die schöpferische Verwandlung des irdischen Leibes in einen neuen, himmlischen Leib ausschließen will, eine der anderen historischen Erklärungsversuche für das leere Grab plausibler erscheinen. So könnte der Leichnam Jesu – entsprechend dem schon von Matthäus aufgenommenen frühen gegnerischen Vorwurf – in der Tat auch wieder aus dem Grab herausgenommen worden sein. Dass das Grab Jesu jedoch verwechselt worden sein sollte oder die Gegner Jesu seinen Leichnam selbst entfernt haben könnten, erscheint hingegen kaum logisch.

Vor allem aber gilt es festzuhalten, dass nach der einheitlichen Darstellung aller Evangelien weder der Zwölferkreis noch auch die Frauen um Maria von Magdala in Anbetracht des leeren Grabes bereits zum Glauben an die Auferstehung gefunden haben. Sosehr die Darstellung der Engelbotschaft am Grab bei den Evangelien in Wortlaut und Details auch variieren mag, so halten doch alle Berichte daran fest, dass es nicht die eigene logische Einsicht und Erinnerung der menschlichen Zeugen, sondern die aus der himmlischen Sphäre übermittelte Erkenntnis war, die das Rätsel des leeren Grabes mit dem Geheimnis der Auferstehung beantwortete: »Erschreckt nicht! Ihr sucht Jesus, den Nazarener, den Gekreuzigten. Er ist auferstanden, er ist nicht hier. Seht da die Stelle, wo sie ihn hingelegt hatten« (Mk 16,6).

Dies ist auch gegenüber dem – für den Historiker zunächst durchaus bestechenden – Rekonstruktionsversuch Hans v. Campenhausens einzuwenden, der zur Erklärung des Osterglaubens genau bei dem leeren Grab Jesu ansetzt[31], das Petrus – der den Glauben durchgängig bewahrt haben soll – dann von sich aus als Erster im Sinne eines Unterpfands der Auferstehungshoffnung gedeutet habe.[32] Die weiteren Folgerungen der Engelbotschaft hätten sich daraus von selbst ergeben: »Wo sollte Jesus jetzt noch zu finden sein? ... Er musste in die Heimat gezogen sein, nach Galiläa, wo er gewirkt hatte.«[33] Als faszinierend mag an diesem Versuch des Kirchenhistorikers H. v. Campenhausen erscheinen, dass die wissenschaftliche Erklärung für das Entstehen des Auferstehungsbekenntnisses mit dem auskommt, was wir in der Tat als historisch-kritisch leicht nachvollziehbar erkannt haben: die Auffindung des leeren Grabes durch die Frauen. Weder muss eine legendarisch anmutende Verkündigung durch Engel postuliert werden noch auch eine Erscheinung des Auferstandenen in Jerusalem. Der Auferstehungsglaube basiert vielmehr auf logischen Erwägungen, und die Rückkehr nach Galiläa verdankt sich der Hoffnung des Petrus, hier Jesus anzutreffen.

Der entscheidende Nachteil dieses Erklärungsversuches ist allerdings, dass er die gesamte Evangelientradition gegen sich hat und sich damit als rein spekulativ erweist. Weder hat Petrus nach Darstellung der Evangelien bei Gefangennahme, Kreuzigung und Tod Jesu Glauben und Treue bewahrt, noch wird in irgendeiner neutestamentlichen Quelle davon gesprochen, dass gerade er unabhängig von Engelbotschaft oder Christuserscheinung von sich aus das leere Grab mit der Auferstehungsgewissheit erklärt habe.[34] Zudem legt es sich für ein jüdisch-christliches Auferstehungsverständnis keineswegs nahe, einen in die himmlische Sphäre Auferweckten an irgendeinem irdischen Ort zu suchen – sei es nun in Jerusalem oder in Galiläa (Mk 16,6 par Lk 24,5 f). Vielmehr muss er – der wie alle anderen Jünger von Furcht und Entsetzen bestimmt war – allererst durch den Auferstandenen bei dessen Erscheinung in seinem Zweifel überwunden werden. Ob durch *Angelophanie* – also Engelerscheinung – oder durch *Christophanie* – also die Erscheinung des Auferstandenen Christus selbst –, in jedem Fall ist es nach den neutestamentlichen Schriften nicht nur das Ereignis der Auferstehung an sich, das von Gott gewirkt worden ist, sondern auch die Erkenntnis des Evangeliums von Jesus Christus und die Gewinnung des Glaubens an den Gott, der Jesus von den Toten auferweckt hat. Die Quellen zwingen uns auch in diesem Fall auf den historisch steileren und menschlich unbequemeren, aber theologisch höheren Weg.

DIE ERSCHEINUNGEN DES AUFERSTANDENEN

Sowohl bei den traditionellen Auferstehungsformeln Lukas 24, 34; 1. Korinther 15, 3 ff wie auch im Zusammenhang der Ausführungen des Paulus über seine Berufung und sein Apostelamt wurden wir bereits auf die für Glauben und Verkündigung der ersten Christen grundlegende Bedeutung der Erscheinungen des Auferstandenen aufmerksam: »Er ist auferstanden … und er ist erschienen!« Überblicken wir die breite Überlieferung von Erscheinungsberichten im Neuen Testament, dann ergibt sich eine fast verwirrende Vielfalt. Als Empfänger von Christuserscheinungen in der ersten Zeit nach der Auferstehung werden im Einzelnen genannt: die Frauen auf dem Rückweg vom Grab (Mt 28, 9 f) bzw. Maria von Magdala am Grab (Joh 20, 14 ff); Simon Petrus gesondert (Lk 24, 34; 1. Kor 15, 5); die Emmaus-Jünger (Lk 24, 13 – 35); die versammelten Jünger Jesu (in allen Osterberichten); nach 1. Korinther 15, 5 ff zusätzlich: »fünfhundert Brüder auf einmal«; dann der Herrenbruder Jakobus, alle Apostel und – nach seinem Verständnis – *abschließend* der Pharisäer und spätere Heidenapostel Paulus. Geografisch konzentrieren sich die Erscheinungen einerseits auf *Jerusalem* (so grundsätzlich bei Lukas, aber auch in Joh 20 und Mt 28, 9 f) und andererseits auf *Galiläa* (so grundsätzlich Markus, aber auch Mt 28, 7.16 ff); allein die Erscheinung vor Paulus wird dann mit *Damaskus* verbunden (Apg 9.22.26 und Gal 1, 15–17). Berücksichtigt man die generelle Hochschätzung Jerusalems durch Lukas[35], dann ergibt sich aus den Quellen als wahrscheinlichste ursprüngliche Verbindung: die Erscheinung vor den *Frauen* mit *Jerusalem* und die Erscheinung vor den »*Zwölfen*«, – d. h. vor »den elf Jüngern Jesu und denen, die bei ihnen waren« – mit *Galiläa.* Freilich ergibt sich nicht nur durch die Komposition der Evangelisten, sondern vor allem auch durch die aufgelistete Vielzahl der Adressaten der Eindruck, dass von einer Mehrzahl von Erscheinungen auszugehen ist, die sehr wohl auch von alters her sowohl mit Galiläa wie mit Jerusalem verbunden sein könnten. Wo wird die Erscheinung des auferstandenen Jesus vor seinem Bruder Jakobus vorgestellt und wo die vor »allen Aposteln«? Welches Ereignis ist mit der Erscheinung vor den »Fünfhundert« angesprochen? Gibt es hier einen

Zusammenhang zu der Pfingstdarstellung nach Lukas in Apostelgeschichte 2? Hinsichtlich der historischen Rekonstruktion bleiben im Einzelnen viele Fragen offen; und man gewinnt den Eindruck, dass die Evangelisten – speziell Matthäus, Lukas und Johannes – die Vielfalt der überkommenen Überlieferungen weniger als Verlegenheit empfinden, sondern vielmehr als die Gelegenheit, die ihnen wichtig gewordenen Aspekte der Erscheinungen des Auferstandenen und des Evangeliums vom erhöhten Christus ausführlich zu entfalten. Einige dieser Aspekte der Erscheinungsberichte in den Evangelien seien abschließend – nach drei Motivbereichen sortiert – in aller Kürze skizziert.

DAS ERKENNEN DES AUFERSTANDENEN

1.) Das grundlegende Motiv der Erscheinungen ist nach allen Evangelisten, die von Begegnungen des Auferstandenen mit seinen Jüngern berichten – also Matthäus, Lukas und Johannes –, die *Identifikation.* Die Frauen und Männer, denen er erscheint, sollen ihn als den Auferstandenen erkennen. Sie sollen erkennen, dass er, Jesus von Nazareth, der Gekreuzigte, nicht im Tod geblieben ist, sondern lebt – und umgekehrt, dass er, der ihnen in seiner hoheitlichen Vollmacht und Auferstehungswirklichkeit erscheint, kein anderer ist als der Herr, dem sie von Galiläa an nachgefolgt sind und der unter ihnen gewirkt und gelehrt hat: »Seht meine Hände und meine Füße, dass *ich* es *selbst* bin!« (Lk 24,39). So erkennen die Frauen den Auferstandenen nach Matthäus 28,9f (a) unmittelbar auf seinen Gruß hin und fallen anbetend vor ihm nieder.

In der Regel kommt das Unglaubliche und Unerhörte der Auferstehung Jesu zusätzlich darin zum Ausdruck, dass Jesus sogar bei seinem Erscheinen noch (b) das Nichtverstehen, den Zweifel und den Unglauben auf Seiten seiner Nachfolgerinnen und Nachfolger überwinden muss. Dass es zur Auferstehungserkenntnis nicht nur der »objektiven« Erscheinung bedarf, sondern zudem auch noch des »subjektiven« Öffnens der Augen durch den Auferstandenen, kommt am eindrücklichsten in den so genannten »Wiedererkennungserzählungen« bei Lukas und Johannes zur Geltung: Von einer solchen »Rekognition« des zunächst Unerkannten handelt die Erzählung von den beiden Jüngern, die – ohne es zu erkennen – von Jesus auf dem Weg nach Emmaus und in ihr Quartier begleitet werden (Lk 24,13ff). Erst als er wie zuvor »das Brot nimmt, dankt, es bricht und ihnen gibt«, werden ihre Augen geöffnet, so dass sie ihn erkennen (Lk 24,30f; vgl. 22,19). Dementsprechend sieht auch Maria von Magdala nach Johannes 20,11–18

Jesus am Grab neben sich stehen, ohne ihn in ihrer Verzweiflung zu identifizieren; sie hält ihn für den Gärtner. Erst als der Auferstandene sie mit ihrem Namen anspricht, erkennt sie ihn endlich als ihren Herrn wieder. In diesem Zusammenhang ist schließlich auch die Erscheinung am See Tiberias nach Johannes 21,1 ff zu verstehen, bei der Jesus unerkannt am Ufer steht und mit seinen Jüngern spricht, aber erst nach dem erfolgreichen Fischzug von seinen Jüngern – namentlich dem »Lieblingsjünger« – erkannt wird.

Dieses Moment der *Erscheinung zur Identifikation* wirkt dort noch gesteigert, wo es sich bei der Selbstvorstellung des Auferstandenen (c) gewissermaßen um einen *Identitätsbeweis* handelt. Während die Überwindung des Unglaubens und Zweifels sich in Matthäus 28,16 ff durch die Worte und den Auftrag des Erhöhten vollzieht, werden die Jünger nach Lukas 24,36–43 von Jesus ausdrücklich aufgefordert, seine Hände und Füße zu betrachten und ihn als den leibhaftig Auferstandenen im Wortsinne zu »begreifen«. Wenn Lukas zudem zu berichten weiß, dass Jesus sich von seinen Jüngern ein Stück gebratenen Fisch reichen lässt, um ihn vor ihren Augen zu verspeisen (Lk 24, 41–43), ist das nicht etwa Ausdruck einer materialistischen Missdeutung der Auferstehungswirklichkeit – als ob der Auferstandene in seine alte Leiblichkeit zurück auferweckt worden wäre oder an Raum und Zeit gebunden und wie die Sterblichen auf Essen und Trinken angewiesen bliebe. Vielmehr will Lukas als Heidenchrist seinen hellenistischen Lesern damit verdeutlichen, dass es sich bei den Auferstehungserscheinungen nicht etwa nur um Geisterscheinungen eines Verstorbenen handelt: »Sie erschraken aber und fürchteten sich und meinten, einen *Geist* zu sehen« (Lk 24,37). Die Betonung des leeren Grabes und der »Leibhaftigkeit« des Auferstandenen sollen dem für seine Umwelt nahe liegenden Missverständnis wehren, der Leib Jesu wäre im Grab und damit im Tode geblieben, während nur sein Geist oder seine Seele zu Gott aufgefahren wäre.

Dass Jesus sich seinen Jüngern als wirklich und leibhaftig auferstanden gezeigt hat und dass gleichwohl der Auferstehungsglaube nicht von »handgreiflichen« Beweisen und vordergründigem »Sehen« abhängig gemacht werden kann, wird in ganz differenzierter Weise in der johanneischen Darstellung in Johannes 20,19–29 entfaltet. Als Thomas – der sprichwörtliche Repräsentant des Jüngerzweifels – die Osterbotschaft: »Wir haben den Herrn gesehen!« nicht annehmen will, widerfährt auch ihm noch einmal eine sinnfällige Erscheinung. Sein hohes Christusbekenntnis gegenüber dem sichtbaren Auferstandenen wird von diesem aber dann mit der Seligpreisung derer beantwortet, »die *nicht* sehen und doch glauben« (Joh 20,28 f).

2.) Während es bei all diesen Motiven jeweils um die Erschließung der *Realität der Auferstehung* geht und um das Erkennen Jesu *als des Auferstandenen*, findet sich in den gleichen Zusammenhängen auch das Moment der Erschließung der *Kausalität*, d.h. die Belehrung über die tieferen Zusammenhänge und Hintergründe von Kreuz und Auferstehung *durch den Auferstandenen*. Dass das Evangelium von Jesus Christus nicht nur auf der Erinnerung an Verkündigung und Wirken des irdischen Jesus basiert, sondern vom Auferstandenen selbst den Aposteln erschlossen worden ist, bringt keiner der Evangelisten so nachdrücklich ins Bewusstsein wie Lukas. Ob im Gespräch mit den Emmaus-Jüngern (Lk 24,25–27), ob bei der Erscheinung vor den versammelten Jüngern (Lk 24,44–47) oder während der vierzig Tage, in denen Jesus sich nach Apostelgeschichte 1,3 ff seinen Jüngern als lebendig erweist und ihnen wiederholt erscheint – unermüdlich weist Lukas darauf hin, dass die Jünger sowohl die *Schrift* wie auch das Geheimnis der *Königsherrschaft Gottes*, sowohl das Rätsel des *Leidens Jesu* wie auch die Bedeutung seiner *Auferweckung durch Gott* allererst durch die Lehre und Auslegung des Auferstandenen in ihrer Mitte erkennen können: »Brannte nicht unser Herz in uns, als er auf dem Wege mit uns redete und uns die Schrift aufschloss?« (Lk 24,32).

3.) Das Motiv der Belehrung und Überzeugung durch den Auferstandenen ist selbstverständlich auch bei der Erscheinung des Erhöhten auf dem Berg in Galiläa nach Matthäus 28,16 ff aufzuweisen; jedoch steht der als »Missionsbefehl« bekannte Abschluss des Matthäusevangeliums vor allem im Zeichen der *Beauftragung* durch den Auferstandenen. Neben der Erschließung (1) der *Realität*, d.h. der Wirklichkeit der Auferstehung, und (2) der *Kausalität*, d.h. des Bedeutungszusammenhangs von Kreuz und Auferstehung, geht es hier schließlich um die Eröffnung (3) der *Finalität*, d.h. der Konsequenz und Perspektive der Erscheinung. Es lässt sich bei den Evangelienberichten wie auch bei der Darstellung der Christusoffenbarung durch Paulus durchgängig zeigen, dass die Erfahrung der Auferstehungserscheinung zugleich als Erfahrung der *Berufung* wahrgenommen wird (Mt 28,10; Lk 24,47 ff; Joh 20,17.21 ff; 21,15 ff; vgl. Gal 1, 11 f.15 f). Das Erkennen des erhöhten Herrn bewirkt zugleich das Anerkennen und Bekennen seiner Herrschaft; und die Begegnung mit dem Auferstandenen drängt darauf, mitgeteilt zu werden. Auf diese Weise führt die Erkenntnis der Wirklichkeit der Auferstehung Jesu Christi – sie komme durch eigenes Sehen oder durch die Worte der Augenzeugen zustande – zugleich zum wirklichen Leben durch und für den Auferstandenen: »… gehe aber zu meinen Brüdern und sage ihnen: ›Ich gehe hinauf zu meinem Vater und zu eurem Vater, zu meinem Gott und zu eurem Gott.‹ Maria von Magdala geht und verkündigt den Jüngern: ›Ich habe den Herrn gesehen!‹, und dies habe er zu ihr gesagt« (Joh 20,17f).

WIE LEIBLICH IST DIE AUFERSTEHUNG?

ZUR HOFFNUNG AUF EIN LEBEN NACH DEM TOD[36]

Was macht die Auferstehungs-Botschaft in heutiger Zeit so schwer vermittelbar? Durch Jahrhunderte hindurch war sie doch im Kern glaubwürdig für (fast) alle?!

Es scheint nahe zu liegen, unsere Schwierigkeiten mit dem Auferstehungsglauben aus dem Wirklichkeitsverständnis der Neuzeit zu erklären und für Antike und Mittelalter eine ungebrochene, vorkritische, vielleicht sogar naive Weltsicht vorauszusetzen. Dabei übersehen wir aber, dass sich schon die ersten Christen mit ihrem Bekenntnis zur Auferstehung Jesu dem allgemeinen Spott aussetzten und dass Paulus sich in 1. Korinther 15 mit christlichen Gesprächspartnern auseinander setzen musste, die seine Hoffnung auf eine leibliche Auferstehung nicht nachvollziehen wollten. Die Auferstehungshoffnung der ersten Christen – die sie mit alttestamentlich-jüdischen Traditionen teilten – war im Rahmen der Antike durchaus etwas Ungewöhnliches. Es steht aber außer Frage, dass mit dem Beginn der Aufklärung und der Säkularisierung der Gesellschaft nicht nur die Vorstellung von einem transzendenten personalen Gott, sondern auch die von einer die erfahrbare Wirklichkeit transzendierenden Realität überhaupt angezweifelt wurde. Mit der Durchsetzung der klassischen historisch-kritischen Forschung in der exegetischen Arbeit wurde das neuzeitliche Wirklichkeitsverständnis dann auch weithin zur Grundlage der Theologie.

Ein Versuch, die Auferstehungsbotschaft für heutige Menschen bedeutsam zu machen, war das »Entmythologisierungsprogramm« der Bultmann-Schule. Wie stellen sich diese Übersetzungsversuche ins moderne Selbstverständnis für einen heutigen Neutestamentler dar?

Gerade hinsichtlich des ganzen Bereiches der Eschatologie – der »Lehre von den letzten Dingen« – sowie der Gottesfrage und des Geschichtsverständnisses bedeutete die Entmythologisierung zwangsläufig eine Engführung, sosehr sie den für viele faszinierenden Versuch darstellte, das Verständnis der biblischen Texte unter den Voraussetzungen der Neuzeit durch Hinterfragen der mythologischen Aussageformen zu erleichtern.

Ist die »präsentische Eschatologie« heute noch eine Vorstellung, die den Kern des Auferstehungsglaubens für heutige Menschen plausibel machen kann?

Wenn wir unter »präsentischer Eschatologie« verstehen, dass das von der Zukunft Erhoffte bereits die Gegenwart bestimmt und erfüllt, dass das

»ewige« und »wahre Leben« nicht erst nach dem Tode beginnt, sondern bereits gegenwärtig zugesprochen und ergriffen wird, dann gewiss. Wenn wir hingegen das »präsentisch« exklusiv verstehen und als Gegensatz zu einer »futurischen Eschatologie« deuten, dann verkennen wir auch das Anliegen des Johannesevangeliums. Hier würde sich wohl die Mehrheit der heutigen Neutestamentler von der radikal »präsentischen« Deutung R. Bultmanns – unter Einschluss eingreifender literarkritischer Maßnahmen – absetzen. Auch für den vierten Evangelisten hört das im Glauben an Christus schon gegenwärtig zugeeignete »ewige Leben« nicht mit dem Tode auf, sondern der aus Glauben Lebende »wird in Ewigkeit niemals mehr sterben« (Joh 11,26). Sosehr es im Johannesevangelium – und überhaupt in der neutestamentlichen Eschatologie – entscheidend um das »Hier-und-jetzt« geht, sosehr gründet die Hoffnung und Gewissheit gerade in dem »Dort-und-dann«.

Die Trennlinien zwischen innergeschichtlichen Utopien und universellen Hoffnungen auf die Auferstehung waren in Zeiten gesellschaftskritischen Engagements oft unklar. Wie verhalten sich die beiden zueinander?

Sosehr die existenziale Interpretation zwangsläufig zu Einseitigkeiten führte, sosehr gilt dies andererseits auch für den neuzeitlichen Versuch, die traditionellen Vorstellungen vom Reich Gottes und einer neuen Welt – unter Absehung ihrer biblischen Voraussetzungen – in innergeschichtlichem menschlichen Handeln aufgehen zu lassen. Das führte sowohl zu hoffnungsloser Selbstüberschätzung wie auch zu gnadenloser Selbstüberforderung. Das Reich Gottes kann nicht angemessen als das Ergebnis menschlichen Mühens verstanden werden, sondern es wird als die Herrschaft *Gottes* allem menschlichen Streben und Vermögen gegenübergestellt. Andererseits befähigt die Gewissheit, dass das Entscheidende nicht aus eigener Anstrengung hervorgebracht werden muss, gerade dazu, sich bei aller Vorläufigkeit und Unzulänglichkeit gemäß der Hoffnung zu verhalten und die menschlichen Beziehungen und gesellschaftlichen Verhältnisse im Geiste der Königsherrschaft Gottes zu gestalten. Im Gegensatz zu manchem Vorurteil macht eine echte und lebendige Hoffnung weder diesseitsflüchtig noch todessüchtig, sondern lebenstüchtig!

Wie verhält sich das Geschehen einer zukünftigen Auferstehung zur für uns wahrnehmbaren und – z. B. naturwissenschaftlich – beschreibbaren Realität?

Von Anfang an wurde die Vorstellung von der Auferstehung nicht etwa auf die Möglichkeiten und Erfahrungen der vorfindlichen Wirklichkeit und Geschichte bezogen, sondern als eine ganz andere, in dieser Schöpfung noch nicht angelegte Realität beschrieben. Die Auferstehung wurde noch nie als etwas »Natürliches« verstanden. Insofern macht es auch wenig Sinn, die Auferstehung im Rahmen der wahrnehmbaren Wirklichkeit beschreiben zu wollen. Die Kontinuität zwischen alter und neuer Existenz ist in Gottes Treue begründet, der der Toten gedenkt und sie zu einem neuen Leben erschafft, nicht aber in einem unsterblichen Kern im Menschen, einer »unsterblichen Seele« oder einem »göttlichen Funken«. Das Ereignis der Auferstehung gilt als Akt der Neuschöpfung Gottes!

Wie steht es in diesem Zusammenhang mit der Vorstellung einer »leiblichen Auferstehung«?

Die Rede von der »leiblichen Auferstehung« hat immer wieder das Missverständnis provoziert, als handele es sich dabei um die Auferstehung zurück in die alte Leiblichkeit. Sosehr Paulus in 1. Korinther 15 für die Hoffnung auf eine leibliche Auferstehung eintritt, sowenig meint er damit, »dass Fleisch und Blut das Reich Gottes erben können«. Es geht bei dem Auferstehungsleib keineswegs um die alte materielle Gestalt, sondern um eine ganz neue, von Gott geschaffene geistige Gestalt des Seins, um den »geistlichen Leib«. Auf dem Begriff des »Leibes« besteht Paulus deshalb, weil er mit ihm festgehalten sieht, dass die Glaubenden »persönlich« und »leibhaftig« – d.h. wirklich – auferstehen werden. Sie leben nicht nur in der Erinnerung und den Gedanken Gottes weiter – obwohl das schon viel wäre –, sondern als Personen vor Gott. So wie Christus durch seine Auferstehung aus dem Grab in die persönliche Gottesgemeinschaft im Himmel aufgestiegen ist, so sollen die an ihn Glaubenden einst auch durch ihn persönlich auferweckt werden.

Gibt es in der Auferstehung ein individuelles Wiedererkennen unserer selbst?

Dies wird eindeutig in den verschiedenen eschatologischen Vorstellungen vorausgesetzt. In Hinsicht auf den Gerichtsgedanken könnte man sogar formulieren, dass es im Angesicht Gottes überhaupt erst zu einer umfassenden Selbsterkenntnis des Menschen kommt – als dessen, der er irdisch gewesen ist, und als dessen, der er in Gottes Augen ewig ist. Aber auch hinsichtlich der Gotteserkenntnis gilt, dass sie in der Auferstehungswirklichkeit erst umfassend sein wird. Beides nun – Gotteserkenntnis und Selbsterkenntnis – werden biblisch nirgends individualistisch eng geführt, sondern stets mit der Realität der Gemeinde, des Volkes Gottes, der Familie Gottes, verbunden. Die Leibhaftigkeit der Auferstehung wird gerade in Hinsicht auf die Kommunikations- und Liebesfähigkeit der Menschen zu Gott und zueinander festgehalten.

Heute gewinnen auch in christlichen Kreisen Vorstellungen aus anderen weltanschaulichen und religiösen Traditionen immer mehr Anhänger: Erhaltung der Materie als Modell des »Weiterlebens«, »Seelenwanderung«, Weiterleben der Seele nach dem Tode. Sind diese Vorstellungen geeignet, wichtige Hoffnungen des Glaubens zum Ausdruck zu bringen?

Eigentlich nur insofern, als sie alle eine Sehnsucht – vielleicht Ahnung – des Menschen nach Fortexistenz jenseits des Sterbens widerspiegeln. Sie können aber nicht wie die Auferstehungshoffnung zugleich die Einmaligkeit der irdischen Existenz als auch die Personhaftigkeit und völlige Neuheit der himmlischen Existenz umfassend zum Ausdruck bringen. Dass diese religionsgeschichtlich alten Vorstellungen plötzlich in christlichen Kreisen wieder Faszination ausüben konnten und können, ist ein ungewollter Nebeneffekt des anfangs besprochenen theologischen Rückzugs aus den Fragen der Transzendenz.

In der Tradition ist die Hoffnung auf eine Auferstehung meist mit der Erwartung des Gerichts verbunden: Ist diese Verknüpfung heute noch nachvollziehbar? Wie ist dieses Gericht für moderne Menschen realistisch vorstellbar?

Auch wenn es für manche zunächst ungewöhnlich erscheinen mag, ist der Gedanke eines eschatologischen Gerichts als des »Zu-Recht-Bringens«

der Weltgeschichte theologisch unaufgebbar und denknotwendig: um der ungezählten Opfer der Geschichte willen, die in ihrem Leben noch kein Recht erfahren haben, und um der Täter willen, die nach all ihren Gräueltaten nicht ohne Überführung ihres Unrechts einfach »im Frieden ruhen« dürfen. Wenn die biblischen Beschreibungen des Gerichtsvollzuges in Analogie zu menschlichen Gerichten gehalten sind, liegt das an der Unvorstellbarkeit der einzigartigen Gottesbegegnung. Aus den Darstellungen von Propheten- und Apostelberufungen erhellt, dass die Gotteserkenntnis an sich schon die umfassende Erkenntnis und das Überwältigtsein von der Wahrheit einschließt. Ganz entscheidend ist allerdings, dass das Bestehen im Gericht nicht etwa als eine vom Menschen leistbare Voraussetzung beschrieben wird. Die Gewissheit der an Christus Glaubenden gründet auf der Zusage der liebenden Zuwendung des Vaters Jesu Christi zu uns Menschen in der Stunde der Wahrheit; oder um es nochmals mit forensisch-juristischer Terminologie zu sagen: die Gewissheit der Glaubenden gründet im verbindlichen Zuspruch der eschatologischen »Begnadigung« der als schuldig Erwiesenen. Im Sinne des Evangeliums muss man sagen, dass die Liebe nicht ohne Wahrheit zu denken ist – und die Wahrheit nicht ohne Liebe!

Wenn Sie einer heutigen 16-jährigen Schülerin oder einem Schüler das Wesentliche der Auferstehungsbotschaft erklären müssten, würden Sie sagen, …

… dass Gott seine Schöpfung nicht aufgibt, sondern über den Tod hinaus an seinen Menschen festhält, dass das persönliche Leben mit dem Sterben nicht endgültig aufgehoben ist, sondern in der Auferstehung seine Vollendung findet und dass deshalb das ganze gegenwärtige Leben – mit all seinen Einschränkungen und Unzulänglichkeiten – bereits im Licht dieser zukünftigen Gottesgemeinschaft erfüllend erlebt und gestaltet werden kann. Die Realität der Auferstehung ist weder in dieser Wirklichkeit schon angelegt noch kann sie von ihr in Frage gestellt werden. Grundlage der Hoffnung auf eine allgemeine Auferstehung der verstorbenen Menschen ist ausschließlich die Botschaft von Gottes auferweckendem Handeln an seinem Sohn, Jesus Christus, mit dem er die Neue Schöpfung seiner Menschen eröffnet hat. – Oder intendierten Sie mit der Altersangabe eine eher flapsige Antwort? Dann darf ich vielleicht mit einem U-Bahn Graffiti antworten: »You can never be too dead for resurrection!« – »Für die Auferstehung kannst du niemals zu tot sein!«

ANMERKUNGEN

1 Nach einem Vortrag bei der Landesversammlung der »Evang. Sammlung in Württemberg e. V.«, September 2001 in Denkendorf.

2 S. H.-J. Eckstein, Du liebst mich – also bin ich. Gedanken, Gebete, Meditationen, 12. Aufl., Holzgerlingen 2001, 9ff.

3 E. Berne, Spiele der Erwachsenen. Psychologie der menschlichen Beziehungen, Reinbek 1967 (2002).

4 S. zum Glaubensverständnis H.-J. Eckstein, Glaube, der erwachsen wird, 6. Aufl., Stuttgart 2002, 37ff.

5 S. zur Vertiefung H.-J. Eckstein, Du hast mir den Himmel geöffnet. Perspektiven der Hoffnung, Holzgerlingen 2002, 122, 140f, 143ff, 161, 133ff.

6 Nach einem Vortrag bei der Theologischen Woche des Theologischen Seminars der Evangelisch-Methodistischen Kirche, April 2000 in Reutlingen; in: J. Barthel / M. Marquardt (Hg.), Das Evangelium, eine Kraft Gottes. Reden – Hören – Tun, Stuttgart 2002, 13–30.

7 Vgl. zum Ganzen allgemeinverständlich H.-J. Eckstein, Glaube, der erwachsen wird (s. Anm. 4), 19–51; wissenschaftlich: ders., Verheißung und Gesetz. Eine exegetische Untersuchung zu Gal 2,15–4,7, WUNT 86, Tübingen 1996, spez. 15ff, 82ff, 110ff, 253ff u.ö.

8 S. wissenschaftlich: K. Koch, Art. *ṣdq*, THAT II, München 1976, 507–530, hier 527; F. V. Reiterer, Gerechtigkeit als Heil. *ṣdq* bei Deuterojesaja, Graz 1976, 24–116, 208–216; H.-J. Eckstein, Verheißung und Gesetz (s. Anm. 7), 15ff, 50ff, 95ff, 142ff u.ö.

9 S. Röm 1,17; 3,5.21f.25f; 10,3; 2. Kor 5,21.

10 S. Röm 8,38f; 11,29; 14,4; 1. Kor 1,8f; 10,13; Phil 1,6; 1. Thess 5,24.

11 S. Röm 5,5–8; 8,35–39.

12 S. wissenschaftlich H.-J. Iwand, Rechtfertigungslehre und Christusglaube. Eine Untersuchung zur Systematik der Rechtfertigungslehre Luthers in ihren Anfängen, TB 14, 3. Aufl., München 1966; O. Weber, Grundlagen der Dogmatik, Bd. II, 2. Aufl., Berlin 1969, 292ff.

[13] Vgl. Röm 2,5.8; 3,5; 4,15; 5,9; 12,19; 1. Thess 1,10; 2,16; 5,9; s. zum Ganzen wissenschaftlich H.-J. Eckstein, »Denn Gottes Zorn wird vom Himmel her offenbar werden«. Exegetische Erwägungen zu Röm 1,18, ZNW 78 (1987), 74–89.

[14] Wobei Paulus in der griechischen Übersetzung (der sog. Septuaginta [LXX]) von Jes 52,7 auch die für ihn zentrale Wendung der »Evangeliumsverkündigung«, der Ansage der guten Botschaft, d.h. des endzeitlichen Heils, vorfindet (vgl. auch Jes 40,9; 60,6; 61,1; Nah 1,15 [2,1]).

[15] In unserer heutigen Situation wäre – mit Bezug auf Röm 11,11–16 – eher wieder an das »den Juden zuerst« zu erinnern, das Paulus nicht nur rhetorisch, sondern durchaus heilsgeschichtlich gefüllt versteht (Röm 1,17; 3,1f; 9,4f). Wie der Apostel in Röm 9–11 ausführlich entfalten wird, hat er im Hinblick auf das jetzt noch nicht an Christus glaubende Israel die begründete Hoffnung, dass »ganz Israel« einmal – in Analogie zu ihm selbst vor Damaskus (11,1f) – *durch Christus*, den Retter, unmittelbar bei dessen Erscheinung von seinen Sünden erlöst werden wird (Röm 11,25ff). Das bedeutet, dass sich die »Gerechtigkeit Gottes« an Israel in besonderer Weise als bleibende Treue und heilvolle Zuwendung erweisen wird: »Denn Gottes Gaben und Berufung können ihn nicht gereuen« (Röm 11,29).

[16] Um es mit der Begrifflichkeit der Sozialpsychologie zu sagen, spricht das Evangelium von einer »nicht konditionierten Annahme« und einer »unbedingten«, d.h. »an keine Bedingungen geknüpften Zuwendung«, die für ein gelingendes und ausgeglichenes Leben als Erfahrung grundlegend sind – so selten sie auch in zwischenmenschlichen Beziehungen wirklich erlebt werden. S. zum Ganzen H.-J. Eckstein, Das Wesen des christlichen Glaubens, in: W. Härle / H. Schmidt / M. Welker (Hg.), Das ist christlich. Nachdenken über das Wesen des Christentums, Gütersloh 2000, 105–117; ders., Glaube, der erwachsen wird (s. Anm. 4), 19ff.

[17] Röm 1,17; 3,26.30; 5,1; 9,30; 10,6; Gal 2,16c; 3,8.11.(22.)24; 5,5.

[18] Röm 3,22.30; Gal 2,16a; Phil 3,9.

[19] S. Röm 3,24; Phil 1,29; vgl. Eph 2,8.

[20] Nach einem Theologischen Essay in: Idea-Spektrum 46/ 2001, 16–18.

[21] Nach einem Vortrag bei der Reformierten Konferenz Südwestfalen, Februar 2000 in Hilchenbach; ThBeitr 32 (2001), 26–41.

[22] S. wissenschaftlich im Einzelnen H.-J. Eckstein, Die Wirklichkeit der Auferstehung Jesu. Lukas 24,34 als Beispiel formelhafter Zeugnisse, in: H.-J. Eckstein / M. Welker (Hg.), Wie wirklich ist die Auferstehung? Biblische Zeugnisse und heutiges Erkennen, Neukirchen 2002, 1–30.

[23] Zur älteren wissenschaftlichen Diskussion s. P. Hoffmann (Hg.), Zur neutestamentlichen Überlieferung von der Auferstehung Jesu, WdF 522, Darmstadt 1988 (s. Literaturverzeichnis 453 ff); B. Klappert, (Hg.), Diskussion um Kreuz und Auferstehung, 5. Aufl., Wuppertal 1981. Zur neueren Diskussion: P. Hoffmann, Art. Auferstehung I/3, II/1, TRE 4, 450–467, 478–513, Berlin 1979 (s. Literaturverzeichnis 509 ff); H.-J. Eckstein / M. Welker (Hg.), Wie wirklich ist die Auferstehung? Biblische Zeugnisse und heutiges Erkennen, Neukirchen 2002.

[24] R. Bultmann, Die Auferstehungsgeschichten und der christliche Glaube, ThLZ (1940), 242–246 (= P. Hoffmann [Hg.], Zur neutestamentlichen Überlieferung [s. Anm. 23], 118–125); ders., Neues Testament und Mythologie. Das Problem der Entmythologisierung der neutestamentlichen Verkündigung, in: H.W. Bartsch (Hg.), Kerygma und Mythos, Hamburg 1948, 15–48; ders., Zum Problem der Entmythologisierung, Kerygma und Mythos, Hamburg 1963, 19–27, (= GuV IV, Tübingen 1965, 128–137).

[25] W. Marxsen, Die Auferstehung Jesu als historisches und als theologisches Problem, in: F. Viering (Hg.), Die Bedeutung der Auferstehungsbotschaft für den Glauben an Jesus Christus, 6. Aufl., Gütersloh 1968 (1966), 9–39; ders., Die Auferstehung Jesu von Nazareth, Gütersloh 1968.

[26] G. Lüdemann, Die Auferstehung Jesu. Historie, Erfahrungen, Theologie, Neuausg.: Stuttgart 1994 (= Göttingen 1994). Zur kritischen Auseinandersetzung s. L. Oberlinner. (Hg.), Auferstehung Jesu – Auferstehung der Christen. Deutungen des Osterglaubens, QD 105, Freiburg 1986 (Bei-

träge von J. Broer, P. Fiedler, H. Golliger u.a.); G. Lüdemann/ R. Wischnath, Streit um die Auferstehung. Der Disput in Fürstenwalde. Eine Dokumentation, Berlin 1998.

27 G. Lüdemann, Zwischen Karfreitag und Ostern, in: L. Oberlinner (Hg.), Auferstehung Jesu (s. Anm. 26), 23 ff; ders., Streit um die Auferstehung (s. Anm. 26), 9 ff, 46 ff.

28 S. H.-J. Eckstein, Die Wirklichkeit der Auferstehung Jesu (s. Anm. 22), 5 ff.

29 Vgl. die übersichtliche Zusammenstellung der Argumente pro und contra bei G. Theißen / A. Merz, Der historische Jesus. Ein Lehrbuch, 2. Aufl., Göttingen 1997, 435–439.

30 Vgl. P. Benoit, Maria Magdalena und die Jünger am Grabe nach Joh 20, 1–18, in: P. Hoffmann (Hg.), Zur neutestamentlichen Überlieferung von der Auferstehung Jesu (s. Anm. 23), 360–377; M. Hengel, Maria Magdalena u. die Frauen als Zeugen, in: FS O. Michel, Leiden/Köln 1963, 243–256.

31 H. v. Campenhausen, Der Ablauf der Osterereignisse und das leere Grab, SHAW.PH, 4. Aufl., Heidelberg 1977 (1952); s. 50: »Der entscheidende Anstoß, der alles ins Rollen brachte, war die Entdeckung des leeren Grabs«.

32 A.a.O., 47 ff, 51 f.

33 A.a.O., 49.

34 Eine Ausnahme bildet in der Evangelienüberlieferung allein der mit Petrus um den Primat der Zeugenschaft wetteifernde »geliebte Jünger« in Joh 20, 3–10, von dem in 20, 8 – und zwar *im Unterschied* zu Simon Petrus – bezeugt wird, dass er bereits angesichts des *leeren Grabes* »sah und glaubte«. Seine vorbildhafte Funktion und herausgehobene Stellung im vierten Evangelium *kontrastiert* das historische Verhalten des Zwölferkreises eher, als dass es die typische Reaktion der übrigen Jünger *repräsentiert*. Letzteres würde in Hinsicht auf den Auferstehungszweifel der übrigen Jünger und im Vergleich zur synoptischen Vorlage vielmehr für den zweifelnden Thomas in Joh 20, 24–29 gelten (vgl. Mt 28, 17; Lk 24, 11.37.41).

35 Vgl. Lk 1, 8 ff; 2, 22 ff.41 ff; 24, 47.52; Apg 1, 4.8.12 u. ö.

36 Die Fragen formulierten Frieder Spaeth und Jörg Thierfelder, in: Entwurf. Religionspädagogische Mitteilungen 1/2001, 1–3.

FACH- UND FREMDWÖRTER

Analogie – Entsprechung, vergleichbares Verhältnis
analytisches Urteil – Urteil, das aus der Analyse/der Zergliederung eines Begriffs gewonnen wird und nur so viel Erkenntnis vermittelt, wie in diesem enthalten ist (z. B. »die Kugel ist rund«, »der unschuldig Angeklagte ist gerecht«)
Angelophanie – Engelerscheinung
Anthropologie – Lehre vom Menschen; **anthropologisch** – den Menschen, die Lehre vom Menschen betreffend
Antizipation – Vorwegnahme (von zukünftigem Geschehen)
Apokalyptik – Einstellung auf nahendes geschichtliches Weltende; sich damit befassende (atl.-jüdische und christliche) von Geheimnissen bestimmte Schriften
Aramäisch – Semitische Sprache, die zur Zeit Jesu und der Urgemeinde gesprochen wurde (die Schriftsprache des Alten Testaments ist das Hebräische, die des Neuen Testaments das Griechische)
Christophanie – Erscheinung des auferstandenen Christus
christozentrisch – auf Christus als Mittelpunkt bezogen
conditio – lat. »Bedingung«, Vorbedingung; hier zur Frage: Ist der Glaube *conditio*, (Vor)bedingung, oder *modus*, Art und Weise, des Heilsempfangs?
Denotation – lexikalische Grundbedeutung eines Wortes (im Unterschied zu seiner Nebenbedeutung, die es im Zusammenhang erhalten kann: Konnotation)
Dimension – Ausdehnung, Ausmaß des räumlich, zeitlich, begrifflich Erfassbaren
Diskurs – wissenschaftliche Auseinandersetzung, methodisch aufgebaute Abhandlung
dogmatisch – an den verbindlichen Glaubensaussagen orientiert
dynamis – (griech.) die Kraft, das Vermögen (eine Veränderung herbeizuführen)
enthusiastisch – begeistert, (im kritischen Sinne:) schwärmerisch
Entmythologisierung – Versuch, ein von Mythologie geprägtes Weltbild so zu verstehen, dass die in den mythologischen Aussageformen enthaltene Wahrheit unter den Vorausset-

zungen der Neuzeit nachvollzogen werden kann (für das biblische Weltbild durch R. Bultmann programmatisch gefordert)

Eschatologie – (griech.) »Lehre von den letzten Dingen«, von der Endzeit; **eschatologisch** – endzeitlich, von der Endzeit her zu verstehen, auf sie bezogen

ethisch – auf sittlichen Grundsätzen beruhend, die von Verantwortung anderen gegenüber bestimmte Lebensführung betreffend

Exegese – (wissenschaftliche) Auslegung eines (biblischen) Textes in seinem Sinn

Faktum – Ereignis, Tatsache (oft: nachweisbare bzw. unabänderliche)

Falsifikation – Widerlegung einer (wissenschaftlichen) Aussage; Gegensatz: Verifikation

Finalität – Zweckbestimmtheit

fokussieren – etwas auf einen zentralen Punkt ausrichten

forensisch – die Gerichtsverhandlung betreffend, richterlich, gerichtlich

fundamental – grundlegend, von entscheidender Bedeutung, sich an Grundlagen orientierend

Genitivus – der die Herkunft bzw. Zugehörigkeit bezeichnende Fall, der Genitiv / der »Wesfall«; – *Genitivus subiectivus*: Genitiv des logischen Subjekts (z. B. »Gerechtigkeit Gottes« als Gerechtigkeit, die Gott selbst hat: Gott ist gerecht); – *Gen. auctoris:* Gen. des »Urhebers« (z. B. »Gerechtigkeit Gottes« als die Gerechtigkeit, die Gott *wirkt* und *schafft)*; – *Gen. obiectivus:* Genitiv des logischen Objekts (z. B. »Gerechtigkeit Gottes« als die Gerechtigkeit, die vor Gott gilt, vor ihm Bestand hat [so M. Luther zu Röm 1, 17 u. ö.]

Hermeneutik – die Kunst des Verstehens und der Interpretation von Texten (bzw. im weiteren Sinne von Lebensäußerungen), die Methode der Auslegung

historisch-kritische Methode – wissenschaftliche Auslegung der biblischen Texte, die deren geschichtliche wie dogmatische Aussagen nach den Prinzipien der *Kritik* (dem grundsätzlichen Zweifel gegenüber allen geschichtlichen Überlieferungen), der *Analogie* (nach der Voraussetzung der Gleichartigkeit alles geschichtlichen Geschehens) und der *Korrela-*

tion (gemäß der grundsätzlichen Wechselwirkung und dem Gesamtzusammenhang aller geschichtlichen Ereignisse) beurteilt (nach E. Troeltsch)

idealisieren – verklären, verschönern, etwas oder jemanden vollkommener sehen als es bzw. er ist

ideell – geistig, (rein) gedanklich, von einer Idee bestimmt, auf ihr beruhend

illoyal – treulos, die Interessen der anderen Seite nicht respektierend, vertragsbrüchig

Illusion – unwirkliche Vorstellung, einem Wunschbild entsprechende Selbsttäuschung

Indikativ und Imperativ – das Verhältnis von »Aussageform und Befehlsform« spielt vor allem in der Paulusauslegung eine entscheidende Rolle. Es wird damit das spannungsvolle Verhältnis von »Zuspruch und Anspruch« des Evangeliums gegenüber dem Menschen bezeichnet, zwischen Heilszusage und ethischer Forderung

intendieren – auf etwas hinzielen, etwas beabsichtigen, anstreben

Intention – Sinn, Inhalt einer Aussage

interkonfessionell – das Verhältnis verschiedener Konfessionen zueinander betreffend, zwischenkirchlich

Interpretation – Deutung, Auslegung

Irritation – Zustand des Verunsichertseins, der Verwirrung

iustificatio effectiva – (lat.) »wirksame Gerechtmachung«, nach der sich der Gerechtfertigte dann auch an sich und infolge seines gelebten Lebens als gerecht erweisen würde

iustificatio impii propter Christum sola gratia per fidem – (lat.) »die Rechtfertigung des Gottlosen um Christi willen allein aus Gnaden durch den Glauben«

iustitia aliena – (lat.) die »fremde Gerechtigkeit« (nämlich die dem Menschen von Gott zugesprochene Gerechtigkeit *Christi*; vgl. *iustitia imputativa*)

iustitia Dei salutifera – (lat.) die »heilbringende«, d. h. freisprechende und begnadigende, Gerechtigkeit Gottes

iustitia distributiva – (lat.) die nach dem Rechtsgrundsatz »jedem das Seine« (suum cuique) verfahrende Gerechtigkeit des Richters, der den Gerechten freispricht und den Schuldigen verklagt

iustitia imputativa – (lat.) die dem Menschen aus Gnaden »zugeeignete, zugesprochene Gerechtigkeit« Christi

judaistische Gegner – judenchristliche Gegner des Apostels Paulus, die im Unterschied zu ihm auch für die Heidenchristen die Beschneidung und die konsequente Einhaltung der Thora, der »Weisung« Gottes durch Mose, fordern (s. vor allem Galaterbrief, Apg 11 und 15)

juristisch – die Rechtsprechung betreffend

Kausalität – Zusammenhang von Ursache und Wirkung

Kephas – aramäische Form des Ehrennamens von Simon »Petrus«, dem »Fels«, »Stein« (Joh 1,42, 1. Kor 15,5; vgl. Mt 16,18)

Kerygma – (griech.) Verkündigung (des Evangeliums von Christus)

Konnotation – (Neben-) Bedeutung, die ein Wort in seinem Zusammenhang hat bzw. erhält (im Unterschied zu seiner lexikalischen Grundbedeutung: Denotation)

konstituieren – gründen, begründen, sich bilden und Bestand gewinnen; **konstitutiv** – das Wesen einer Sache, die Gesamterscheinung bestimmend

konstruktiv – aufbauend, auf die Erhaltung, Stärkung und Förderung des Bestehenden gerichtet

Kontext – inhaltlicher, sachlicher Zusammenhang, aus dem heraus etwas zu verstehen ist

Kontinuität – Beständigsein, Fortdauer, lückenloser Zusammenhang

Korrelation – Wechselbeziehung; das Aufeinanderbezogensein z. B. von Begriffen, geschichtlichen Ereignissen

legendarisch – zur Legende (zu einer sagenhaften, erbaulichen Erzählung) gehörend, eine Legende enthaltend

Litotes – rhetorische Figur der Hervorhebung durch die Verneinung des Gegenteils (z. B. »nicht unklug«; »nicht unwahrscheinlich«, »nicht schlecht«)

loyal – die Interessen der anderen Seite achtend, (vertrags- bzw. bündnis)treu, das Verhältnis respektierend

Maranatha – urchristlicher Gebetsruf in aramäischer Sprache: »Unser Herr, komm!« (1. Kor 16,22; vgl. Offb 22,20)

Martyrium – unschuldiges Leiden um des bezeugten Glaubens willen

mediterran – dem Mittelmeerraum angehörend
Parrhesie – (griech.) »Freimut«: *Zuversicht* und *Freimütigkeit*, *Unerschrockenheit* und *Offenheit*, *Freudigkeit* und *Zutrauen* (vgl. Apg 4,13.29; 2. Kor 3,12; Eph 3,12; 6,19; Hebr 4,16; 10,19).
performativ – die in einer Aussage beschriebene Handlung mit dem Aussprechen selbst vollziehend (z. B. »Ich gratuliere dir!« »Ich begnadige dich!«)
Perspektive – Betrachtungsweise, Blickwinkel, Aussicht (für die Zukunft)
Pessimismus – Lebensauffassung, bei der alles von der negativen Seite betrachtet wird, negative Grundhaltung und Erwartung
Phänomen – das Erscheinende, sich den Sinnen Zeigende; etwas, was als Erscheinungsform auffällt
Plädoyer – zusammenfassende Schlussrede des Staatsanwalts oder Rechtsanwalts vor Gericht; Rede, mit der jemand entschieden für oder gegen etwas oder jemanden eintritt
plausibilisieren – etwas als wahrscheinlich erweisen, etwas begreiflich machen; **plausibel** – einleuchtend, begreiflich, nachvollziehbar
positivistisch – die Gültigkeit der menschlichen Erkenntnis grundsätzlich auf das durch Erfahrung Gegebene beschränkend; sich in der Forschung auf das Tatsächliche – »das Positive« – beschränkend
postulieren – fordern, zur Bedingung machen, feststellen
präsentisch – gegenwärtig, das Präsens betreffend
profiliert – mit Profil versehen, scharf umrissen, von ausgeprägter Art
programmatisch – einem Programm, Grundsatz entsprechend; zielsetzend, richtungsweisend
Provisorium – Übergangslösung, Notbehelf
realistisch – wirklichkeitsnah, lebensecht; ohne Illusion
redaktionelle Schicht – Teil einer neutestamentlichen Überlieferung, die auf die Formulierung eines Evangelisten als Redaktor/Bearbeiter der traditionellen Überlieferung zurückgeht
reformatorisch – umgestaltend, erneuernd; die Reformation betreffend, im Sinne der Reformation

Rekognition – (lat.) »Wiedererkennung« (des zunächst unerkannten Bekannten)

Relation – Verhältnis, Beziehung

Relationsbegriff – ein »Beziehungsbegriff« (z. B. »Liebe«, »Vertrauen«, in der biblischen Tradition auch »Gerechtigkeit«, »Friede«)

relativieren – mit etwas anderem in Beziehung bringen und damit in seiner Gültigkeit einschränken

rhetorisch – die Rhetorik/Redekunst betreffend, rednerisch

Säkularisierung – Loslösung aus den Bindungen an die Kirchen, Verweltlichung

Sch^{e}ma Jisrael – (hebr.) »Höre Israel!«, jüdisches Bekenntnisgebet in Aufnahme von 5. Mose 6,4 ff

solus Christus, sola gratia, sola fide, sola scriptura – (lat.) »allein Christus«, »allein aus Gnade«, »allein durch den Glauben«; »allein die Heilige Schrift«; das ausschließende, exklusive »allein« bei den reformatorischen Aussagen zur Rechtfertigung des Menschen vor Gott; zusammengefasst: **particulae exclusivae** – (lat.) die »ausschließlichen Partikel«: »allein ...« (s. o.)

Sphäre – Wirkungskreis, Bereich (Macht-, Einfluss-, Verantwortungsbereich)

stereotyp – gleichförmig, ständig wiederkehrend, formelhaft geprägt

suggestiv – einredend, beeinflussend, auf jemanden stark einwirkend

synoptisch – »zusammenschauend«, die Paralleltexte der drei Evangelien nach Matthäus, Markus und Lukas betreffend (im Unterschied zum Johannesevangelium)

synthetisches Urteil – weiterführendes Urteil, das sich (anders als das *analytische* Urteil) nicht auf die Erkenntnis beschränkt, die im Begriff selbst schon enthalten ist. Die Aussage: »Du bist gerecht!« stellt als *analytisches* Urteil fest, dass jemand von sich aus und nach seinem Verhalten wirklich als gerecht erfunden wird; bei dem Zuspruch der Rechtfertigung des Sünders durch Gott handelt es sich hingegen um ein *synthetisches* Urteil, das die Gerechtigkeit dem als schuldig erwiesenen Menschen zuspricht, d. h. ihn begnadigt und freispricht

Theismus – Glaube an einen persönlich wirkenden, überweltlichen Gott

Tradition – »Überlieferung« (hier: eine sprachliche Einheit, die den neutestamentlichen Verfassern bereits mündlich oder schriftlich vorgegeben war und nicht von ihnen selbst gebildet wurde); **traditionell** – einer Überlieferung zugehörig, entsprechend

Transaktionen – (in der Psychologie:) wechselseitige Beziehungen und ihre Handlungs- und Gesprächsabläufe

transzendent – die Grenzen der Erfahrung und der mit den Sinnen erkennbaren Welt überschreitend

transzendieren – über einen Bereich (z. B. den der erfahrbaren Wirklichkeit) in einen anderen (z. B. den der Realität der himmlischen Welt) hinübergehen

Trias – (griech.) »Dreiheit«, Dreizahl, wie die neutestamentliche Dreiheit von »Glaube, Liebe und Hoffnung« 1. Kor 13,13; 1. Thess 1,3; 5,8

Utopie – (griech.) was (noch) »keinen Raum« hat, Entwurf, der den Realitätsbezug bewusst oder unbewusst vernachlässigt, Wunschtraum

verifizieren – durch Überprüfen die Richtigkeit von etwas bestätigen, beglaubigen; Gegensatz: falsifizieren; **verifizierbar** – nachprüfbar, als richtig zu erweisen

via eminentiae – (lat.) »Weg der Erhöhung«: Bildung einer Idealvorstellung durch Steigerung des Positiven

via negationis – (lat.) »Weg der Verneinung«: Bildung einer Idealvorstellung durch Verneinung des Negativen